JN204347

国際産業立地論への招待

アジアにおける経済のグローバル化

鈴木洋太郎
suzuki yotaro

新評論

はじめに

これまで、日本企業のアジア現地法人をたびたび訪問調査させてもらっている。近年、タイやインドネシアなどアジア新興国の空港に到着した途端、空港の大型テレビモニターに映る韓国メーカーの「サムスン」や「ＬＧ」のロゴが目に飛び込んでくるようになった。二〇年以上前に初めてアジア新興国を訪れたときは、パナソニックなど日本の電気機械メーカーのロゴが目立っていたことを考えると、少し残念なような、複雑な気持ちになってくる。

筆者は、専門である産業立地論の立場から、アジアにおける経済のグローバル化について研究をしている。経済のグローバル化とは、生産や消費などの経済活動が国境を越えて広がっていくことであるが、かつてはアジアにおける経済のグローバル化は日本や日本企業がリードしていた。事実、日本企業がアジア諸国（日本もアジア諸国だが、便宜上、日本を除く）へと進出することで、アジア諸国の産業発展が促進されてきたという歴史的な背景がある。

近年では、アジア諸国における産業発展はさらに目覚ましく、現地企業も日本企業の手強いライバルとして台頭してきた。また、日本企業のアジア進出も、さまざまな産業分野においてこれまで以上に拡大している。その結果、日本とアジア諸国における産業立地の状況は劇的な変化を遂げることになった。

経済学・経営学・地理学の領域をまたがっている産業立地論は、立地場所の特性など地理的・空間的な側面に注目しながら、企業や経済社会に関する諸問題を考察するというユニークな学問である。本書では、国際経済・国際経営の場面で活用する「国際産業立地論」について説明するとともに、アジアにおける経済のグローバル化を地理的・空間的な側面から論じていくことにする。

立地場所によって、その消費者が必要とする製品やサービスの特性は違っていることが多い。たとえば、私たちが使っているエアコンには、当然のように冷房機能だけでなく暖房機能が付いているわけだが、熱帯地方の東南アジアの国々では暖房機能は不要である。

一方、東南アジアの国々では、エアコン（クーラー）を常時フル稼働させているので定期的なメンテナンス・サービスが重要となる。このようなマーケット面での特性以外にも立地場所の特性が国内以上に異なっているため、国際経済・国際経営の場面では地理的・空間的な側面に注目する意義がとくに大きくなる。

本書の構成は、国際産業立地論の視点について論じる「第Ⅰ部」、国際産業立地の理論的検討について論じる「第Ⅱ部」、国際産業立地の実態分析について論じる「第Ⅲ部」という三部構成となっている。また、第Ⅰ部は、「第1章　近年における国際産業立地の特徴と動向」と「第2章　国際産業立地論のキーワード」から成り立っている。同様に第Ⅱ部は、「第3章　多国籍企業論の検討」と「第4章　産業立地論の検討」から、第Ⅲ部は「第5章　国際産業立地論の分析フレームワーク」、「第6章　日本企業のアジア立地行動のダイナミズム」、「第7章　アジアにおける経済のグローバル化と日本の産業発展」から成り立っている。そして、本書全体のまとめは「おわりに」において述べることにする。

本書は、産業立地論や多国籍企業論に関する専門書ではあるが、事前に特別な専門知識がなくても十分に理解できるように工夫しており、国際経済・国際経営（および経済のグローバル化のなかでの地域経済・地域経営）に関心のある学生や社会人に幅広く読んでいただけるものと思っている。また、読まれることで、現在携わっているビジネスにおいて参考になることを願っている。

もくじ

第2章 国際産業立地論のキーワード

第7章 アジアにおける経済のグローバル化と日本の産業発展 186

国際産業立地論への招待

——アジアにおける経済のグローバル化

第 I 部

国際産業立地論の視点

飛行機の窓から見下ろしたベトナム・ホーチミンの市街地

私たちが暮らしている国や地域の経済社会は、製造業や商業、サービス業などさまざまな種類の産業によってダイナミックに変化している。成長力の高い産業が持続的に立地している場所は、言うまでもなく経済成長が容易であるのに対して、成長力のある産業が立地していない場所は経済的な停滞に悩むことになる。

それぞれの産業がどこに立地するかについては個々の企業が決めているわけだが、トヨタ自動車が多くの生産拠点を本拠地の愛知県に立地させ、その結果として自動車産業集積が形成されていったように、特定の地域に産業が集中立地するといった傾向がこれまでにもあった。

「はじめに」で述べたように、産業立地論は、地理的・空間的な側面から企業や経済社会に関する諸問題を研究する学問である。産業立地論の先駆者の一人であるアルフレッド・ウェーバー（Alfred Weber, 1868~1958）の『工業立地論』（篠原泰三訳、大明堂、一九八六年）が発行されたのは一九〇九年であることから、学問的な歴史は一〇〇年を超えていることになる。

ウェーバー『工業立地論』の原著

ただし、かつて産業立地論は、主として国内の地域経済・地域経営の問題を考える際に利用されてきた。たとえば、「なぜ、東京に経済力が一極集中するのか」とか「各地域の産業発展のための地域開発政策はどうしたらよいのか」など、地域経済・地域経営の問題を検討するために産業立地の研究が行われてきたと言える。

だが、企業の海外進出が製造業だけでなく商業やサービス業などでも増大してきている現在、産業立地も日本国内だけでなく、海外も含めてグローバルに研究する必要性が強まってきた。企業の海外進出が増大するのにともなって、最適な立地場所の選択のため、各地域の立地環境(立地場所の特性)は世界的なレベルで比較検討されるようになった。

産業立地論の観点から言えば、経済のグローバル化について研究する学問を「国際産業立地論」と呼ぶことができる。国際産業立地論では、地域経済・地域経営の問題だけでなく、国際経済・国際経営の問題を取り扱うことになる。

そこで第Ⅰ部では、国際産業立地論の視点について論じていくことにしたい。最初に、近年における国際産業立地の注目すべき特徴や動向を述べ(第1章)、次に、国際産業立地論のキーワードである「企業の国際的な立地行動」と「グローバルな立地環境」について説明していく(第2章)。

第1章 近年における国際産業立地の特徴と動向

1 日本とアジア諸国における産業立地の再編成

(1) 日本とアジア諸国の国際分業の変化

他のアジア諸国よりも早く工業化が進んだ日本は、これまでアジアの産業発展をリードしてきたと言える。工業化の初期では、繊維産業（衣類を含む）などの軽工業が発展し、その後、電気機械産業や自動車産業などの重化学工業が発展してきた。軽工業の主な立地場所は、次第に日本からアジア諸国へと移転していったが、重化学工業においては依然として日本が主要な立地場所であった。そのため、日本とアジア諸国の国際分業は、貿易構造から見ると、日本が重化学工業製品をアジア諸国へ輸出し、一次産品や軽工業品をアジア諸国から輸入するといった形となっていた。

しかし、近年、重化学工業の主な立地場所が日本からアジア諸国へと移転しつつあり、日本とアジア諸国の国際分業の状況も大きく変化を遂げている。**図１－１**を見ても分かるように、二〇〇二年の日本のアジア諸国からの輸入では、食料品や鉱物性燃料、衣類といった一次産品や軽工業製品の割合が比較的高かったわけだが、二〇一六年になるとそれらの割合は低下している。その一方で、電気機械や化学製品といった重化学工業製品の割合が上昇している。

日本のアジア向け輸出は一貫して重化学工業製品が中心ではあるが、二〇〇二年から二〇一六年にかけては、自動車などの輸送機械や化学製品の割合は上昇しているものの、一般機械や電気機械などの割合が低下している。とくに、電気機械の割合の減少が顕著となっている。

このように、日本とアジア諸国の国際分業の状況は明らかに変化してきており、その背景には、日本とアジア諸国における産業立地の再編成が進行しているという事実がある。

（２）日本企業のアジア進出

日本とアジア諸国における産業立地がどのように行われるのかについては、「はじめに」でも

図1－1　日本とアジアとの貿易構造

（a）アジアからの輸入

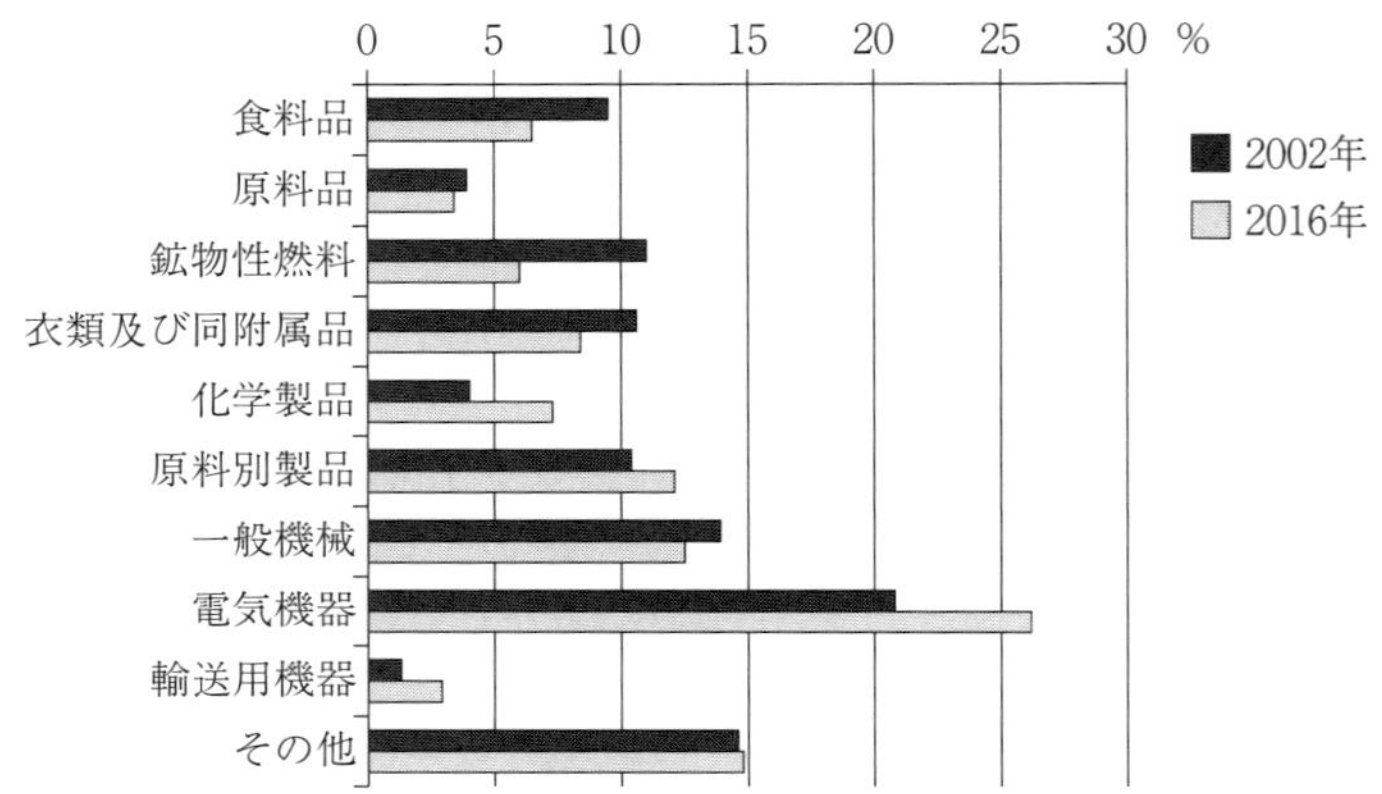

（b）アジアへの輸出

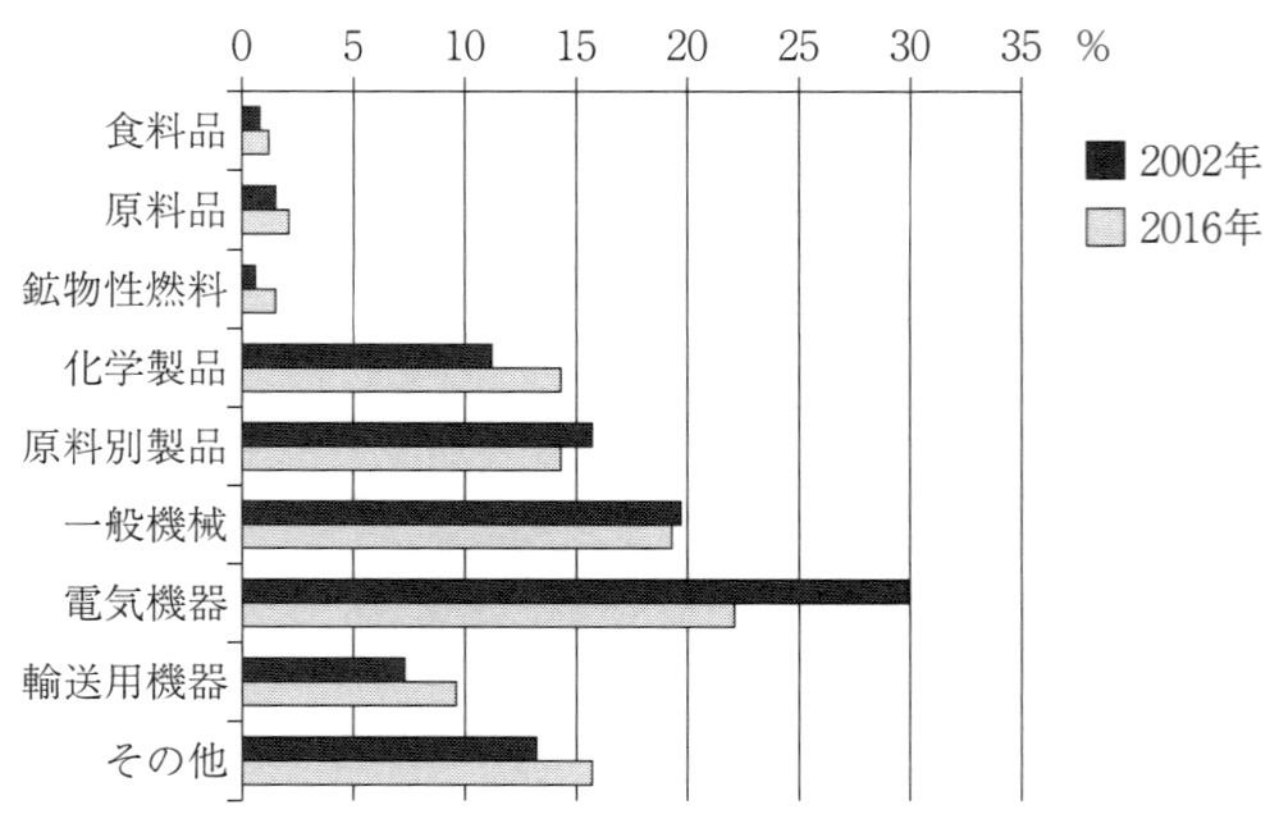

出所：財務省貿易統計より筆者作成。

図1－2　日本企業の海外現地法人数の推移

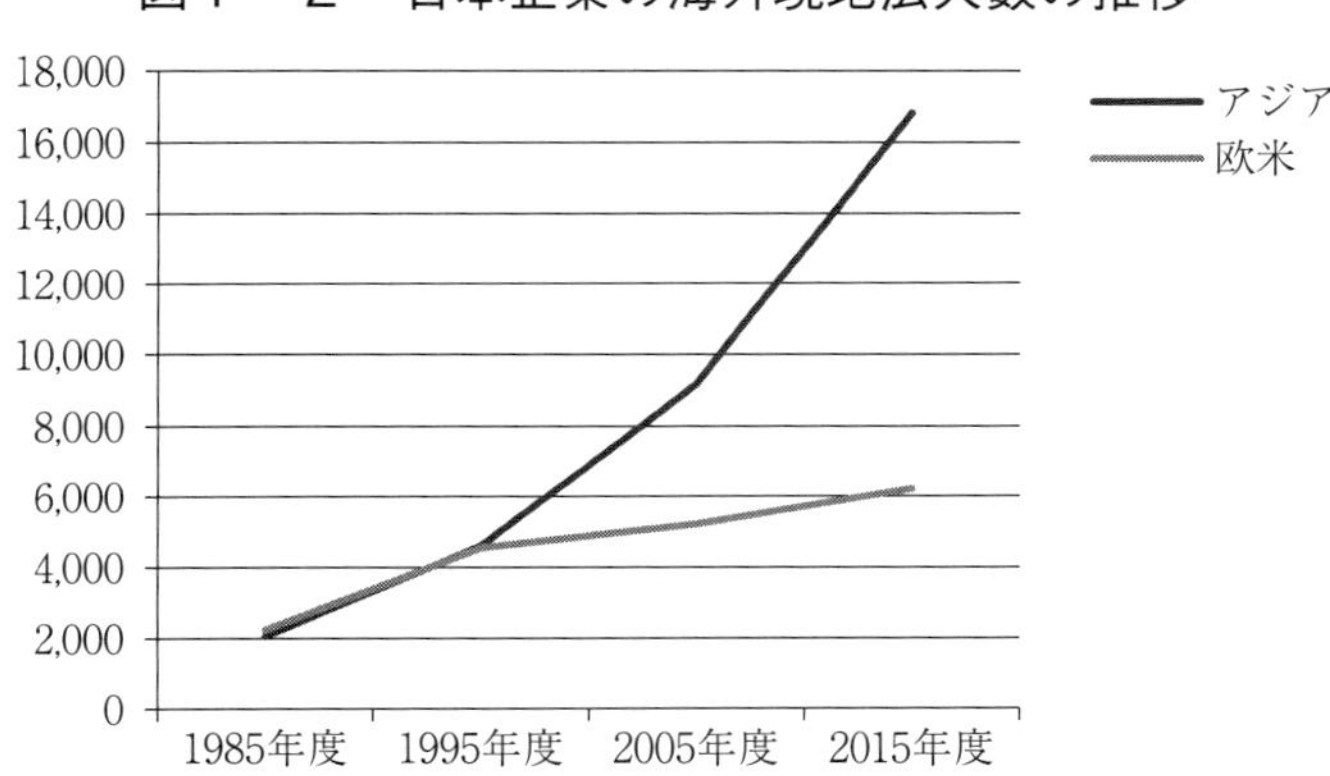

出所：経済産業省（通商産業省）「海外事業活動基本調査」（「海外事業活動動向調査」）より筆者作成。

述べたように個々の企業の行動様式によって決まってくる。とくに、日本企業のアジア進出が、日本とアジア諸国における産業立地の再編成を促進してきたとも考えられる。

日本企業がアジアに進出した過程を海外現地法人数から見ると、アジア諸国に設立された日系現地法人数は、一九八五年の二〇六五社から、一九九五年の四六〇〇社、二〇〇五年の九一七四社、二〇一五年の一万六八三一社へと急増してきた。

一九八〇年代の後半から一九九〇年代の前半には欧米諸国でも、日系現地法人の設立が活発に行われたものの、一九九〇年代の後半以降、とくに二〇〇〇年代以降はアジアでの増加が突出している（**図1－2**を参照）。

一九六〇年代から一九七〇年代にかけては、

日本企業のアジア進出はとくに繊維産業での進出が顕著であった。また、一九八〇年代から一九九〇年代にかけては電気機械産業での進出が顕著であった。このことを裏付けるデータとして、日系アジア現地法人（製造業）の売上高における業種別割合を見てみよう。

一九七二年度の調査データによると繊維産業の割合がもっとも高く、製造業全体の三三・三パーセントを占めていた。二番目に高かったのが電気機械産業で、二七・九パーセントであった。これが一九八〇年度では、繊維産業の割合は一八・一パーセントに低下し、一方で電気機械産業の割合は三〇・二パーセントに上昇している。さらに一九九一年度では、繊維産業の割合は六・九パーセントと低下しており、電気機械産業の割合は四五・三パーセントと大幅に上昇している。(1)

以上のような繊維産業や電気機械産業における日本企業のアジア進出が、日本からアジア諸国への繊維産業の移転、さらには電気機械産業の移転といった国際産業立地の再編成を促進してきたと推測される。

(3) アジア諸国の現地企業の台頭

アジア諸国における産業発展にともなって、アジア諸国の現地企業が日本企業のライバルとして台頭してきた。たとえば、電気機械産業では、韓国メーカーの「サムスン」や「ＬＧ」、台湾メーカーの「鴻海精密工業（ホンハイ）」、中国メーカーの「ハイアール」や「華為技術（ファーウェイ）」など多数の有力企業が台頭している。

また、日本企業がアジア諸国へと一方的に進出するだけでなく、アジア諸国の現地企業が日本へ進出するケースも生じてきた。たとえば、華為技術は、二〇〇五年、日本に現地法人「ファーウェイ・ジャパン」を設立して情報通信機器の販売・サポートの提供を開始している。また、二〇一二年には日本に研究

（1）調査データは、経済産業省（以前は通商産業省）の「海外事業活動基本調査」（「海外事業活動動向調査」を含む）における日系現地法人データを使っている。アンケート調査のため、日系現地法人のすべてはカバーしていない。

COLUMN　企業の海外進出と海外現地法人

事業活動を海外で行うために企業は進出するわけだが、その際、「海外現地法人」（海外子会社）を設立するケースが多い。こうした海外現地法人に関するデータ（事業活動内容、所在地、設立年など）を見ると、企業の海外進出の状況を把握することが可能となる。

海外進出を行っている企業は「多国籍企業」と呼ばれている。なぜなら、海外現地法人は、それぞれ進出先の国籍をもつからである。よって、多国籍企業は、本国の親会社と外国籍の子会社から構成される企業グループであると言える。また、海外現地法人は、受け入れ国の立場からは「外資系企業」と呼ばれることになる。例えば、アメリカの多国籍企業であるIBMは日本にも現地法人「日本IBM」を設立しているわけだが、日本IBMは外資系企業となる。

所も設置したほか、二〇一八年には製造技術センターと言える生産拠点も設置した。(2)

このように、日本とアジア諸国における産業立地の再編成は、アジア諸国の現地企業の行動にも大きく影響を受けるようになってきていると言えるだろう。

2 世界の自動車産業立地の変化

(1) アジアの自動車産業の発展

言うまでもなく、自動車産業は日本経済を支える基幹産業の一つである。しかし、二〇〇〇年代以降、中国や東南アジア諸国、インドなどといったアジア新興国の自動車産業が急成長していることはご存じだろう。(3)

フランスのパリに本部を置く国際自動車工業連合会（OICA：Organisation Internationale des Constructeurs d'Automobiles）の資料によると、世界の自動車産業は二〇〇〇年の五八三七万台から二〇一四年の八九七八万台へと生産台数を拡大してきたが、とくにアジアの自動車産業は、二〇〇〇年の一七七二万台（世界全体の三〇・四パーセント）から二〇一四年の四七二二万台

（同五二・六パーセント）へと急成長してきた。

表1-1に示されるように、世界の主要な自動車生産国は、二〇〇〇年ではアメリカと日本が一〇〇〇万台を超える二大生産国であり、三〇〇万台以上の生産国としては、ドイツ、フランス、スペインといったヨーロッパ諸国と韓国が挙げられるだけであった。それが二〇一四年には、中国が二〇〇〇万台を超える巨大生産国になるとともに、インドも三〇〇万台以上の生産国に成長している。また、**ASEAN4**（東南アジアの主要四か国）も、合計では三〇〇万台を超える生産地となっている。

アジア新興国の自動車産業の急成長の理由として、これらの国々における自動車市場の拡大が挙げられる。ビジネスの現場では、一人当たりＧＤＰ（国内総生産）が三〇〇〇ドルを超えると「中間所得層」が多数出現し、消費が爆発的に拡大すると考えられている。二〇〇〇年代以降、アジア新興国の多くが、こうした三〇〇〇ドルの水準を超えるか、超えつつある状況となって自動車販売数が急増してきたのだ。

（2）ファーウェイ・ジャパンの本社は東京都千代田区に立地しており、研究所は神奈川県横浜市に立地している（東京都から拡張移転）。また、生産拠点となる製造技術センターは千葉県船橋市に立地している。「ファーウェイ・ジャパン会社案内」を参考にした。

（3）ここでの記述は、鈴木［二〇一六］を加筆・修正したものである。

表１－１　世界の自動車産業（生産台数）

（万台）

地域・国名	2000年	2014年
アジア	1,772（ 30.4%）	4,722（ 52.6%）
日本	1,014（ 17.4%）	977（ 10.9%）
韓国	311（ 5.3%）	452（ 5.0%）
中国	207（ 3.5%）	2,373（ 26.4%）
ASEAN4	114（ 2.0%）	388（ 4.3%）
タイ	46（ 0.8%）	188（ 2.1%）
マレーシア	36（ 0.6%）	60（ 0.7%）
インドネシア	28（ 0.5%）	130（ 1.4%）
フィリピン	4（ 0.1%）	11（ 0.1%）
インド	82（ 1.4%）	384（ 4.3%）
北米	1,576（ 27.0%）	1,405（ 15.6%）
アメリカ	1,280（ 21.9%）	1,166（ 13.0%）
カナダ	296（ 5.1%）	239（ 2.7%）
欧州	2,019（ 34.6%）	2,043（ 22.8%）
ドイツ	553（ 9.5%）	591（ 6.6%）
フランス	335（ 5.7%）	182（ 2.0%）
スペイン	303（ 5.2%）	240（ 2.7%）
イギリス	181（ 3.1%）	160（ 1.8%）
その他地域	470（ 8.1%）	807（ 9.0%）
世界合計	5,837（100.0%）	8,978（100.0%）

注：アジアと欧州は、主要国のみ挙げているため、合計と一致しない。
出所：国際自動車工業連合会（OICA）の資料より筆者作成。

（2）日本の自動車メーカーにおけるアジア進出の地理的特徴

アジア新興国の自動車産業の急成長は、日本の自動車メーカーをはじめとした外資系自動車メーカーがアジアへ進出したことによって促進されてきた。**表１－２**に示されるように、日本の自動車メーカーの海外生産台数は、二〇〇〇年の六二八万台から二〇一四年の一七四八万台へと拡大してきており、同年の海外生産台数が日本国内の生産台数を大幅に上回るようになっている。

二〇〇〇年においては、日本の自動車メーカーにとって最大の海外生産場所は北米（とくにアメリカ）であり、三〇〇万台と海外生産の四七・八パーセントを占めていた。一方、アジアでの生産は一六五万台（二六・三パーセント）に留まっていた。だが、二〇一四年においては、日本の自動車メーカーにおけるアジアでの生産台数は九一二万台と急拡大し、海外生産台数の五二・二パーセントを占めるようになっている。

二〇〇〇年から二〇一四年までの海外生産の増加台数を見ると、中国が三四九万台、ASEAN4が二三五万台、インドが一四五万台となっており、日本の自動車メーカーにおけるアジアでの生産拡大は中国やASEAN4（とくにタイ、インドネシア）、インドに集中していると言える。

なお、二〇〇〇年では、ASEAN4での生産台数がアジア全体の半分程度を占める一方で、中国での生産台数の同割合は約六パーセントにすぎなかった。これは、日本の自動車メーカーの

表１－２　日本の自動車メーカーの海外生産

（万台）

地域・国名	2000年	2014年
アジア	165（26.3%）	912（52.2%）
中国	10（1.6%）	359（20.5%）
ASEAN4	81（12.9%）	316（18.1%）
タイ	31（4.9%）	152（8.7%）
マレーシア	20（3.2%）	35（2.0%）
インドネシア	26（4.1%）	120（6.9%）
フィリピン	4（0.6%）	8（0.5%）
インド	39（6.2%）	184（10.5%）
北米	300（47.8%）	478（27.3%）
アメリカ	249（39.6%）	381（21.8%）
カナダ	51（8.1%）	97（5.5%）
欧州	95（15.1%）	165（9.4%）
イギリス	57（9.1%）	79（4.5%）
フランス	—	23（1.3%）
その他地域	68（10.8%）	192（11.0%）
海外生産合計	628（100.0%）	1,748（100.0%）

注：表１－１と同じ。
出所：表１－１と同じ。

ASEAN4への進出が早くから行われていたのに対して、中国への進出が比較的に遅かったことを示している。

　他国の主要自動車メーカーであるドイツの「フォルクスワーゲン（VW）」やアメリカの「ゼネラルモーターズ（GM）」の場合、二〇一四年の海外生産台数はそれぞれ七三一万台、七五一万台であり、うちアジアで三六五万台（四九・九パーセント）、四二八万台（五七・一パーセント）を生産している。したがって、他国の主要自動車メーカーも、日本の自動車メーカーと同様に海外生産におけるアジアの割合が大きいと言える。

　だが、アジア進出の地理的特徴を見てみると、VWやGMにおいては、もっぱら中国に集中していることが分かる。たとえば、VW

COLUMN　アジア諸国・諸地域の分類

　アジア諸国・諸地域の分類には様々なものがあるが、地理的に見て、日本、韓国、中国などを「東アジア」（あるいは、東北アジア）、シンガポール、タイ、インドネシアなどを「東南アジア」、インドなどを「南アジア」と呼ぶ場合が多い。また、日本に続いて工業化を達成した韓国、台湾、香港、シンガポールをまとめて「アジアNIES」（新興工業経済地域）と呼ぶことも多い。

　そして、東南アジア諸国連合（ASEAN：アセアン）に所属する国々で、シンガポールに続いて工業化を進めているタイ、マレーシア、インドネシア、フィリピンをまとめて「ASEAN4」と呼ぶことが多い。そして近年では、「ASEAN4」にベトナムを加えた「ASEAN5」という分類用語も使われている。

　なお、アジア新興国には、通常、香港を除いた中国、シンガポールを除いた東南アジア諸国、インドなどが含まれる。

の中国での生産台数は三五三万台であり、同社のアジア生産台数の約九七パーセントも占めている。

中国以外では、ＶＷにおけるアジア生産拠点は一二万台を生産するインドのみである。ＧＭについても、中国での生産台数（三五三万台）はアジア生産全体の約八二パーセントを占めており、その他のアジア生産拠点は、韓国（六三万台）、タイ（六万台）、インドネシア（一万台）、インド（六万台）となっている。

以上のことから、日本の自動車メーカーのアジア進出は、他国の主要自動車メーカーに比べて中国への集中が少ないこと、そしてASEAN4への進出が顕著であることが特徴となっている。また、日本の自動車メーカーは、生産台数は少ないものの、台湾やベトナム、パキスタンなどにも進出しており、アジア進出は地理的に分散しているとも言える。ただし、現在、日本の自動車メーカーの中国への進出がさらに加速しており、今後、アジア進出の地理的特徴も大きく変わっていく可能性がある。

VW グループのアウディも中国で生産販売されている

3 アジア新興国の大都市圏における産業集積形成

（1）産業集積形成

アジア新興国の政府は、日本企業をはじめとする多国籍企業の誘致によって自国の産業発展を促進してきたわけだが、多国籍企業の多くは、交通・通信・電力・水道などのインフラストラクチャー（社会的生産基盤）が比較的整備されている大都市圏に立地する傾向がある。とくに、部品をはじめとする原材料の輸入や製品の輸出が行いやすい沿海部の大都市圏に集中して立地している。その結果、中国の上海大都市圏や広州大都市圏、タイのバンコク大都市圏、インドネシアのジャカルタ大都市圏といったアジア新興国の大都市圏に、電気機械産業や自動車産業などの産業集積が形

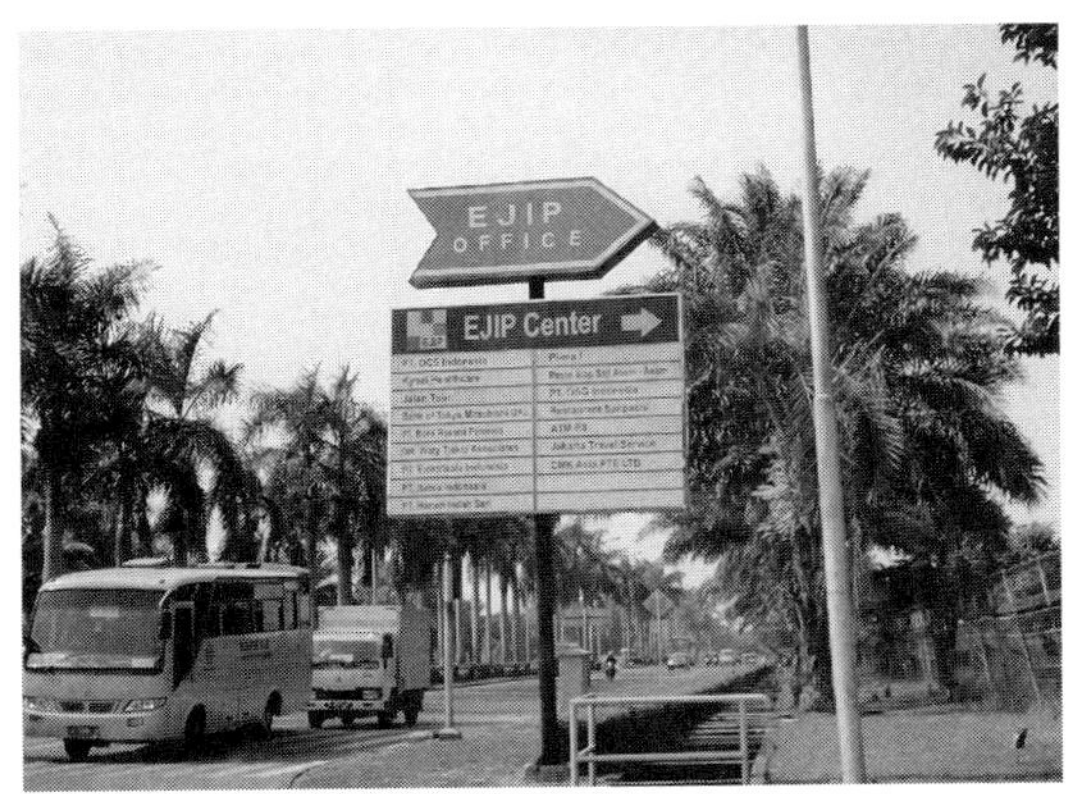

インドネシア・ジャカルタ大都市圏郊外の日系工業団地

成されてきた。

当初、アジア新興国の大都市圏における産業集積は、最終製品の生産拠点（主に単純な組立生産拠点）の立地によって形成された。だが、産業集積の本格的な形成のためには、最終製品の生産拠点だけでなく、部品・部材・設備などの生産拠点の立地も必要となる。部品・部材・設備関連の産業は、さまざまな産業の発展を土台として支える「裾野産業」とも呼ばれるが、二〇〇〇年代以降、裾野産業を含めた産業集積形成が中国やタイ、インドネシアなどの大都市圏で進行しつつある。

アジア新興国で裾野産業を含めた産業集積形成が行われると、部品・部材・設備などの現地調達が拡大することになる。このことを、日系アジア現地法人（製造業）の仕入高データで確認してみよう。

日系アジア現地法人のうち、中国に設立された現地法人においては、一九九七年度の調査データでは仕入高に占める「現地調達」の割合は三九・八パーセントであったが、二〇一五年度では七四・三パーセントと大幅に上昇している。また、ASEAN4に設立された現地法人においても、仕入高に占める「現地調達」の割合は、一九九七年度の四一・四パーセントから二〇一五年度の六五・七パーセントへと上昇している。

なお、現地調達の割合が上昇するのにともなって、仕入高に占める「日本からの輸入」の割合

が低下することになる。(4)

(2) 裾野産業におけるアジア進出

日本の最終製品メーカーのアジア現地法人が、主として部品・部材・設備を日本から輸入していた時期は、部品メーカーや部材メーカー、設備メーカーがアジア進出を積極的に行う必要はなかった。だが、部品・部材・設備の現地調達が拡大するにつれて、裾野産業におけるアジア進出も行われるようになってきた。

たとえば、自動車メーカー向けの鋼板の供給は鉄鋼メーカーが行っているわけだが、かつては日本で生産した鋼板を輸出していた。だが、自動車メーカーの現地調達が拡大するのにともなって、近年は日本から半製品を送って、現地生産をするようになってきている。ちなみに、鋼板の生産には「上工程」と「下工程」があるが、上工程は日本で行い、下工程は現地で行うといったグローバルな垂直分業体制がなされている。

新日鐵住金の場合、自動車用の鋼板のアジア現地生産は、タイの生産拠点が二〇一三年に稼働

(4) 調査データは注(1)と同じ。

し、中国の生産拠点（二か所）でも二〇一五年に能力増強が行われた。また、インドネシアの生産拠点が二〇一七年から稼働している[5]。

なお、近年、日本企業のアジア進出は、大企業だけでなく中小企業でも活発に行われるようになってきた。裾野産業（とくに部品関連）の場合、大半を中小企業が担っており、日系アジア現地法人の現地調達が拡大してきたことで、部品メーカーである中小企業のアジア進出が増加する傾向となっている。

（3）日本の大都市圏の産業集積との関係

東京大都市圏や大阪大都市圏などといった日本の大都市圏には、裾野産業を含めて産業集積が早くから形成されており、これによって日本のさまざまな産業発展が支えられてきた。そのため、近年のアジア新興国の大都市圏における新たな産業集積形成は、日本とアジア新興国において、産業集積としての優位性を競う「地域間競争」を激化させる側面もある。

だが、アジア新興国の大都市圏の産業集積には日本企業の生産拠点も多数立地しており、日本の大都市圏の産業集積とは「分業関係」といった側面も大きい。そのため、日本とアジア新興国の大都市圏は、競争相手というだけでなく国際分業におけるパートナーであるとも言える。

COLUMN　アジア新興国の大都市圏における産業集積形成の光と影

中国の上海大都市圏や広州大都市圏、タイのバンコク大都市圏、インドネシアのジャカルタ大都市圏といったアジア新興国の大都市圏では、産業集積形成が進み、一人当たりGDPも急上昇してきた。しかし、こうした「光」の部分だけでなく、急速な工業化と都市化の結果、交通渋滞や環境汚染、電力不足などといった諸問題が深刻化しており、このような「影」の部分も見逃すことができない。

たとえば、近年、一人当たりGDPの3,000ドルの壁を超えたインドネシアでは、自動車が普及する「モータリゼーション」が進行中であるが、ジャカルタの中心道路は大渋滞となってしまっている。インドネシア政府は、朝・夕のラッシュ時には３人以上が乗車していない車が中心道路に入ることを規制する「3 in 1政策」を実施しているが、今のところ渋滞は緩和できていない。

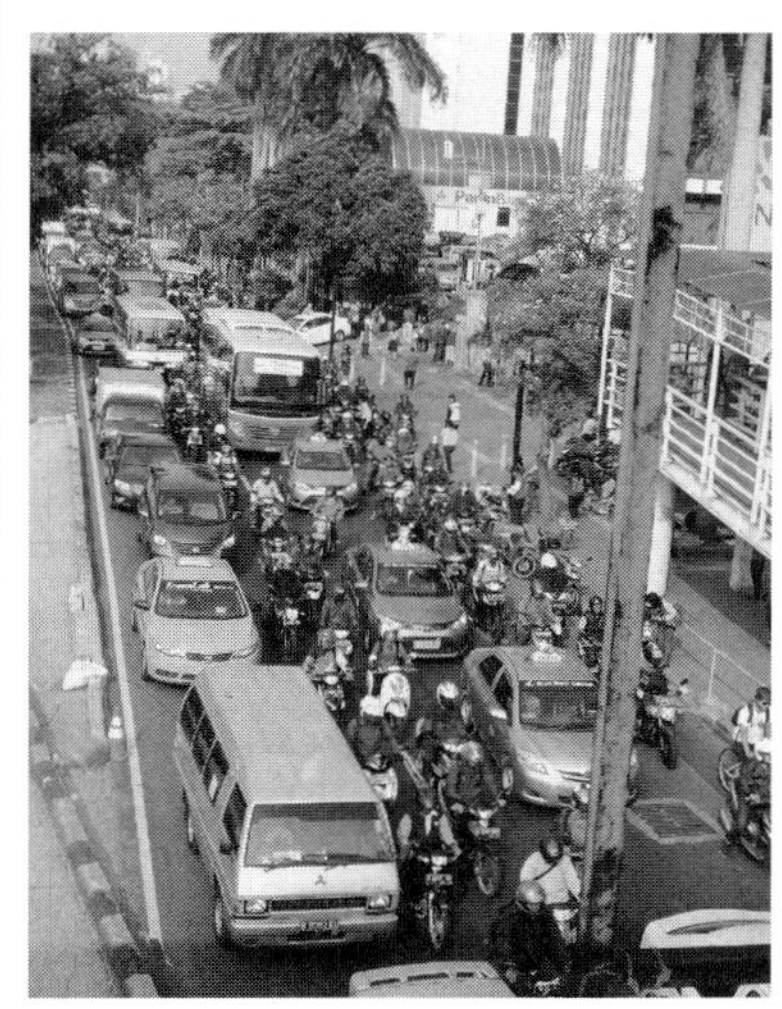

インドネシア・ジャカルタの交通渋滞

また、バンコクやジャカルタなどでは水道水の水質が非常に悪くなっており、日系現地法人の駐在員から、現地の人たちが飲料用としてペットボトルの水を購入していることや、食器洗いなどの生活用水ですら水道水を煮沸（しゃふつ）してから利用しているという話を聞いた。

4　製造業以外の産業におけるアジア進出

「アジアの自動車産業の発展」（一二ページ）で記したように、二〇〇〇年代以降、アジア新興国の多くが、一人当たりのＧＤＰが三〇〇〇ドルの水準を超えるか超えつつあり、現地の消費が爆発的に拡大してきている。こうしたことが理由で日本企業のアジア進出においては、現地市場を開拓するために、製造業だけでなく商業やサービス業などにおいても進出が増加している。

（1）小売業におけるアジア進出

ベトナムは、国全体ではまだ一人当たりＧＤＰが三〇〇〇ドルという水準には達していないものの、ホーチミンやハノイといった大都市にかぎってはこの水準を超えており、日本の小売業における進出も行われている。たとえば、髙島屋がホーチミン市に、イオンがホーチミン市とハノイ市に進出している。(6)

ベトナムは南北に細長い国であり、南部の経済中心地であるホーチミン市（かつては「サイゴン」と呼ばれていた）は、首都であり北部の経済中心地であるハノイ市とは地理的に遠く離れている。両市ともフランス統治時代の影響が残る街並みが綺麗であるが、ホーチミン市は晴天が多く、温暖であるのに対して、ハノイ市はほとんど曇り空で、東南アジアでは珍しく肌寒い季節がある。

気候が温暖で、明るくラテン的な雰囲気があるホーチミン市は、近年、おしゃれで開放的なバーベキュー・レストランが人気となっている。このような街に、二〇一六年七月、「ホーチミン高島屋」がオープンした。ベトナムで初めての日系百貨店となる。

ショッピングセンター「サイゴンセンター」のコア店舗として出店したわけだが、この「ホーチミン高島屋・サイゴンセンター」は市のちょうど中心部に立地しており、商圏は半径一〇キロメートルを想定している。実は、高島屋の海外一号店である「シンガポール高島屋」（一九九三年開業）もショッピングセンターのコア店舗として出店し、海外でもっとも成功している日系ショッピングセンターの一つである。そこでのビジネスモデルを、シンガポール企業と協力してベ

（5）ここでの記述の一部は、新日鐵住金・大阪支社でのインタビュー調査（二〇一五年八月一八日）に基づいている。

（6）ベトナムのホーチミン高島屋の状況については、現地でのインタビュー調査（二〇一六年一一月九日）に基づいている。ベトナムのイオンモールの状況については、イオンの「ニュースリリース」（二〇一六年五月二四日付）などを参考にした。なお、ベトナムのハノイ市やホーチミン市の経済状況については、JETROハノイ事務所（二〇一六年一一月七日訪問）で聞いた。

トナムで展開したわけである。

　一方、イオンのショッピングセンター（イオンモール）はホーチミン市の郊外に立地しており、中心部から一〇キロメートルほど離れた場所に二か所（二〇一四年一月および二〇一六年七月に開業）、そして二〇キロメートルほど離れた場所に一か所（二〇一四年一一月開業）ある。前述したように、イオンモールはベトナム北部の主要都市ハノイ市の郊外にも、二〇一五年一〇月から営業を開始している。

　なお、現地の髙島屋やイオンモールでは、バイク用の駐車場を大きめに設けている。理由は言うまでもなく、ベトナムではまだ車よりもバイクが主要な交通手段であるからだ。まさに「バイクの街」と言えるほど、この街のバイク渋滞は有名である。それも、一台のバイクに数人が乗るという光景がよく見かけられる。

　実は、ベトナムで走っているバイクのほとんどは、ホンダなどの日本メーカーが現地で生産したものである。以前、中国製の安いバイクがベトナム市場を席巻していた時期があったが、故障が多いことが分かり、現在は中国製のバイクは見かけなくなった。

　ベトナム人にとってバイクは大事な「資産」であり、壊れると困るため、信頼できる日本メーカーのバイクが人気となっているのだ。

ベトナムのホーチミン高島屋。ベトナムの消費者にとっては、これまで現地で行われていなかった商品を包装する「日本式のラッピング・サービス」が好評となっている

ホーチミン市の交通はバイクが中心となっている

（2）外食サービス業におけるアジア進出

近年、アジア新興国では日本食ブームが起こっており、日本の外食サービス業もアジア進出が急増している。たとえば「吉野家ホールディングス」は、中国に多数の牛丼店を立地展開している。二〇〇七年には一一二店だった店舗数が、二〇一七年には四二六店と大幅に拡大している。もちろん、東南アジア諸国においても、二〇〇七年の二三店から二〇一七年の一三一店へと急速に店舗を立地展開している。(7)

中国や東南アジア諸国の吉野家の店舗に入ると、日本のようなカウンターはなく、すべてテーブル席となっている。ちなみに、タイの店舗では、レストラン型のテーブルサービ

タイ・バンコクのファミリーマート。日本と同様、おにぎりや弁当などの日本食が売られている

スが行われており、その他のアジア諸国の店舗では、マクドナルドやスターバックスのように店内中央にあるレジで支払いを済ませたあと、飲食物を自分でテーブルに運ぶセルフサービス式となっている。

このように、進出先の国によって、現地の事情を考慮しながら店舗サービスのやり方を変えているところは非常に興味深い(8)。

筆者も、日本企業のアジア現地法人を訪問調査する際にはしばしば吉野家などを利用しているが、どこもおしゃれな雰囲気の日本食レストランとなっている。捉え方は人それぞれだが、ゆっくりと食事をするなら日本よりも落ち着けるのでありがたい。

なお、イオンモールのような日系ショッピングセンターのアジア進出では、日系としての特色を出すために日本食レストランのテナントも充実させている。また、「ファミリーマート」や「セブンイレブン」をはじめとした日系コンビニエンスストアのアジア進出も拡大しており、おにぎりや弁当といった日本食が普及している。これらのことが理由で、日本の外食サービス業の進出が促進されているものと考えられる。

（7）吉野家ホールディングス「グループ店舗数一覧」における各年の一二月末データによる。なお、中国の店舗数には香港の店舗数は含まれていない。

（8）日本の外食サービス業のアジア進出については、川端［二〇一六］が非常に詳しい研究を行っている。

COLUMN　アジア新興国からの観光客によるインバウンド消費

経済成長に伴ったアジア新興国の消費力の爆発的な拡大は、家電製品や自動車などの耐久消費財が普及するとともに、外食やレジャーなどといったサービスに対する旺盛な消費も生み出すことになる。その一つが海外旅行の増大であり、アジア新興国から日本への観光客数も顕著に増加してきている。

日本政府観光局（JNTO）の資料によれば、アジアから日本への観光客数は、2014年の905万人から、2017年の2,230万人へと急激に拡大してきている。2017年の訪日外国人観光客数を国・地域別に見てみると、韓国（659万人）や台湾（436万人)、香港（218万人）などアジア NIES からの観光客が目立つものの、中国からの観光客も645万人と非常に多くなっている。

2014年から2017年にかけての増加率では、中国からの観光客数は43倍となっており、韓国（28倍）や台湾（22倍)、香港（21倍）の観光客数の増加率を大幅に上回っている。なお、2017年のASEAN4からの観光客数は、４か国の合計でも196万人に留まっているわけだが、今後の増加が期待されている。

日本経済にとって、アジア新興国からの観光客による「インバウンド消費」を獲得することは重要であるが、アジア新興国における消費力の爆発的拡大を日本経済の発展につなげるためには、日本企業によるアジア現地での市場開拓や市場獲得も欠かせないこととなる。

大阪の難波・心斎橋エリア。連日、大勢の外国人観光客であふれかえっている

5 国際産業立地論の視点について

本章では、近年における国際産業立地に関する特徴や動向を見てきた。二〇〇〇年代以降、日本企業のアジア進出がこれまで以上に急拡大してきており、自動車産業での進出や裾野産業での進出、商業・サービス業での進出などといった新しい動きも注目されている。また、こうした日本企業のアジア進出とも密接に関連しながら、日本とアジア諸国における産業立地の再編成が進行していることや、アジア新興国の大都市圏に産業集積が本格的に形成されてきていることも注目されるところである。アジア新興国の経済成長と、それにともなった消費の爆発的な拡大が産業立地の変化を加速させているのだ。

このような国際産業立地に関する特徴や動向は、言うまでもなくアジアにおける経済のグローバル化を地理的・空間的な側面から把握したものであるが、国際産業立地論の視点からより掘り下げた実態把握を行うことが必要となる。第2章では、国際産業立地論の視点に欠かせない、「企業の国際的な立地行動」と「グローバルな立地環境」といったキーワードを整理していく。(9)

(9) 本書でのこの視点は、主として鈴木［一九九四］・［一九九九］をベースにしながら再整理したものである。

COLUMN　日本とアジア諸国の「雁行形態型」産業発展

日本とアジア諸国の産業発展は、以前は雁が並んで空を飛ぶように行われる「雁行形態型」であると言われていた。日本が産業発展の先頭を行き、次にアジア NIES（韓国、台湾、香港、シンガポール）が追いかけ、さらには ASEAN4（タイ、マレーシア、インドネシア、フィリピン）が追いかけるといった姿である。日本とアジア諸国の産業発展のタイミングの違いが、それぞれが得意とする産業分野の違いとなり、国際分業を進展させている。

元々、このような考え方（雁行形態論）は、欧米諸国を追いかけて発展してきた日本の経験から、後発国が先発国の産業を取り入れながら発展する際の産業発展パターンを論じたものである（赤松［1956］・［1965］）。その後、アジアにおける産業発展パターンを説明するために使われるようになった（小島［1973］など）わけだが、この場合、日本は後発国ではなく先発国の役回りとなる。

筆者も雁行形態論の観点からアジア太平洋地域における産業発展と日本企業の国際的な立地行動との関連について検討を行っている（鈴木・矢田［1988］）が、そこでは、アジア太平洋地域（アメリカ、日本、アジア NIES、ASEAN4）における産業構造の相互高度化とともに、産業構造の同質化・ぶつかり合いの問題にも言及した。

しかし現在、日本の産業発展が減速したことで、日本とアジア NIES で競合する産業分野が急増してきている。また、市場経済の外側にいた中国が ASEAN4を追い越す勢いで、国際分業における主要プレーヤーとして登場してきた。その結果、雁行形態型の産業発展パターンが崩れ、日本とアジア諸国における産業立地も急激に再編成されてきた。

雁行形態型に代わる、今後の日本とアジア諸国の産業発展についての新たなビジョンを考えることも国際産業立地論の重要な役割だと言える。

第2章 国際産業立地論のキーワード

1 企業の国際的な立地行動とグローバルな立地環境

産業立地の状況やその変化は、産業の担い手である個々の企業の立地行動によって決まってくる。「企業の国際的な立地行動」とは、基本的には、企業がどのような事業活動を世界のどの場所に配置するのか、ということになる。たとえば、パナソニックなどの電気機械メーカーがテレビなどの家電製品の製造活動をアジア新興国へと配置することにより、日本とアジア新興国における電気機械産業（とくに家電産業）の立地状況が変化することになる。先にも述べたように、海外事業活動を行う企業は「多国籍企業」と呼ばれるので、企業の国際的な立地行動は「多国籍企業の立地行動」と言い換えることもできる。

ただし企業は、立地環境（立地場所の特性）がよい所に事業活動を配置する傾向があるので、産業立地の状況やその変化を検討するためには、経済社会（国や地域）の立地環境を考察することも重要となる。また、企業の国際的な立地行動を通じた国際産業立地の状況を検討するためにも、世界の諸国・諸地域の立地環境といった「グローバルな立地環境」を考察することが不可欠である。

先ほどの例で言えば、家電製品の製造活動のための立地環境が日本よりもアジア新興国のほうが魅力的であるということになる。

以下では、国際産業立地論のキーワードの一つである「企業の国際的な立地行動」

COLUMN　産業と企業について

産業と企業、言葉は似ているものの意味はまったく異なる。企業とは、トヨタ自動車やパナソニック、吉野家ホールディングスといった実際に存在する組織体のことであるが、産業（業界）は、企業の事業活動の種類を表す分類用語である。

このような分類がされるのは、自動車産業や電気機械産業、外食サービス業などのように市場や技術・スキルの特性が違うからであり、担っている産業によって対象企業の行動が大きく左右されるからである。事例研究（ケース・スタディ）を行う際も、検討課題に相応しい産業を選択することが重要となる。

なお、産業の分類は、電気機械産業といった大分類から、家電産業、テレビ産業、エアコン産業といった細かな分類まで可能であり、必要に応じて使い分けられる。また、時代とともにICT（情報通信技術）産業のような新しい産業分類が登場するなど、分類の仕方も変化していくことになる。

をどのように考察するかについて論じていく。その後、もう一つのキーワードである「グローバルな立地環境」について説明していくことにする。

2 企業の国際的な立地行動について

(1) 事業活動の国際的な配置

企業の国際的な立地行動を考察するためには、事業活動の国際的な配置を把握することが必要である。海外での事業活動は、「海外現地法人」(海外子会社)を設立して行われることが多い。そのため、海外現地法人に関するデータ(事業活動内容、所在地、設立年など)を見ることによって、企業の事業活動の国際的な配置を考察することができる。

製造活動を行うための海外現地法人は「製造現地法人」、販売・マーケティング活動を行うための海外現地法人は「販売現地法人」、研究開発活動を行うための海外現地法人は「開発現地法人」と呼ばれているが、このほかに、進出先の複数の海外現地法人を統括する「統括現地法人」などもある。

(2) 事業活動の国際的な配置のケース

パナソニックの東南アジア諸国の海外現地法人をケースにして、事業活動の国際的な配置を具体的に見ていくことにする。[10]

二〇一三年の時点で、パナソニックの東南アジアにおける製造現地法人は四八社あり、その内訳は、マレーシア一四社、タイ一三社、インドネシア一二社、ベトナム六社、フィリピン二社、シンガポール一社となっている。さらに、販売現地法人が二二社(タイ七社、マレーシア五社、シンガポール四社、インドネシア三社、フィリピン二社、ベトナム一社)、開発現地法人が四社(マレーシア二社、タイ一社、ベトナム一社)ある。

なお、東南アジア諸国における現地法人を統括するための現地法人がシンガポールにある。また、マレーシア、タイ、ベトナムにも、国内の現地法人を統括するための現地法人がそれぞれ一社あることも附記しておく。

製造現地法人の配置

家電製品など電気機械機器にはさまざまな種類があり、それを反映してか、パナソニックの東南アジアにおける製造現地法人の数は多い。冷蔵庫や洗濯機などを製造する現地法人は、ほとんどの東南アジア諸国に配置されている。ただし、いくつかの電気機械機器の製造活動は東南アジアの特定の国に集中的に配置されている。たとえば、ヘアドライヤーやナノイー発生器などの美容家電（最近では「ビューティ家電」とも呼ばれている）はタイの製造現地法人でのみ生産されている。

販売現地法人の配置

パナソニックのタイやマレーシア、インドネシア、フィリピン、ベトナムに配置された販売現地法人は、当然、その国における市場開拓を担っているため、現地の流通業者と連携しながら販売促進を行っている。

(10) パナソニックの東南アジア諸国の海外現地法人の状況については、シンガポールのパナソニックの地域統括現地法人でのインタビュー調査（二〇一三年九月一九日）に基づいている。

タイ・バンコクで販売されている美容家電。タイなど東南アジア諸国では、パナソニックの美容家電がヒット商品となっている

現地の流通業者としては、卸売会社や家電量販店、専売店（主にエアコン専売店）などがあるが、地方の零細小売店へ販売するためには卸売会社との連携が欠かせない。また、エアコンの販売に関しては、設置工事やアフターサービスが重要となるため、エアコン専売店との連携を欠くことができない。

一方、パナソニックのシンガポールに配置された販売現地法人は「広域マーケティング会社」であり、シンガポールだけでなく東南アジア全体の市場開拓を担っている。たとえば、東南アジア全体の市場開拓としては、美容家電の宣伝活動としてタイ・マレーシア・インドネシア・フィリピンの女性ユニットによるキャンペーン「パナソニック・ビューティ」を展開している。

 COLUMN　企業の海外進出形態

企業の海外進出形態として、海外現地法人（海外子会社）を設立することが多いが、海外駐在員事務所や海外支店を設立するという進出形態もある。だが、海外駐在員事務所の場合は、原則として営利活動はできない。受け入れ国によって異なるが、海外支店の場合も事業活動が制限されることが少なくない。そのため、海外駐在員事務所や海外支店をまず設置し、その後、海外現地法人へと転換する場合もある。

また、自社の海外事業拠点は設立しないで、現地企業に生産委託などを行う形態もある。例えば、ファーストリテイリング（ユニクロ）などの日本のアパレルメーカーでは、自社の海外生産拠点を設立する代わりに、中国や東南アジアの現地企業に衣類の生産委託を行うことが多くなっている。

開発現地法人の配置

研究開発活動を行うための開発現地法人の配置は、製造現地法人や販売現地法人に比べるとまだ少ないと言える。パナソニックのタイの開発現地法人は、冷蔵庫や洗濯機などの開発を担当しているわけだが、主としてカラフルな色や操作しやすいボタンなど、現地のテイストに合わせて日本の製品を修正するといった側面が強い。また、開発現地法人は、現地の生活文化を研究するといった役割も担っていることを忘れてはならない。

3　企業の国際的な立地行動と国際的なサプライチェーン

(1) 国際的なサプライチェーン

企業の国際的な立地行動を考察する際には、部品などの原材料の調達や製品の出荷といった「サプライチェーン」(供給網)(11)の視点も欠かせない。以下では、トヨタ自動車のアメリカ進出のケースを使って、企業の国際的な立地行動と国際的なサプライチェーンについて考えていく。

トヨタ自動車は一九五七年に販売現地法人をアメリカに設立して、現地の流通業者を通じた販売体制を構築し、一九五八年には日本からアメリカへの輸出を開始した。また、自動車を現地生産するための製造現地法人（アメリカのＧＭとの合弁会社）を一九八四年にアメリカに設立している（トヨタ車の生産は一九八六年に開始）。さらに、一九八六年にはトヨタ単独での製造現地法人をアメリカに設立し、その後、アメリカの開発現地法人で現地生産のための製品開発も行っている。

トヨタ自動車の国際的なサプライチェーンについては、一九五〇年代～一九八〇年代前半までは、本拠地である日本で自動車部品を調達（部品メーカーから調達するか、自社で部品生産）して組立生産を行い、その製品（完成車）をアメリカ市場へと輸出するといった形が基本であった。だが、一九八〇年代の後半以降になると、日本からの輸出に加えて、アメリカで現地生産した完成車を現地で販売するようになった。また、アメリカの生産拠点では、当初は重要な部品を日本から輸入していたが、その後、アメリカでの部品調達を急速に拡大するようにもなった。

日本企業の海外生産拠点（製造現地法人）を中心にして国際的なサプライチェーンをとらえる場合は、海外生産拠点が部品など原材料をどこから調達しているのかについて考える必要がある。主として、「現地調達」なのか、「日本からの輸入」なのか、「第三国からの輸入」なのかを把握することになる。また、海外生産拠点が製品をどこに販売しているのかについては、主として、「現地販売」なのか、「日本への輸出」なのか、「第三国への輸出」なのかを把握することになる。

（2）海外での事業活動の役割

企業の国際的な立地行動の考察においては、国際的なサプライチェーンの特徴を踏まえながら、海外での事業活動の役割を明らかにすることも重要となる。ちなみに、トヨタ自動車など日系自動車メーカーのアメリカ生産拠点は、部品など原材料の多くを「現地調達」し、生産した製品の大半を「現地販売」しているので、アメリカ市場を確保・開拓することが役割であると言える。

パナソニックの東南アジアにおける生産拠点の場合も、冷蔵庫や洗濯機などの生産拠点は東南アジア各国にそれぞれ配置されているほか「現地販売」が中心なので、現地市場を確保・開拓するのが役割であると言える。だが、美容家電などの生産拠点は特定の国に集中的に配置されており、「日本への輸出」や「第三国への輸出」も行われている。そのため、現地の低賃金労働力を利用した輸出拠点としての役割も強いと考えられる。

ただし、第６章で詳しく説明するが、パナソニックなど日系電気機械メーカーのアジア生産拠

（11）トヨタ自動車のアメリカ進出に関しては、トヨタ自動車のホームページ「トヨタ自動車75年史」（http://www.toyota.co.jp/jpn/company/history/）を参考にした。また、トヨタ自動車をケースとした国際ビジネス書である大阪市立大学商学部編［2001］の執筆のため、トヨタ自動車・本社を何度か訪問調査した際に尋ねた内容も参考にしている。

点の役割は、時代とともにダイナミックに変化してきている。こうした変化を把握するためにも、国際的なサプライチェーンの視点が重要となる。

4　経済社会の立地環境の視点

企業の国際的な立地行動の背景にある「グローバルな立地環境」（世界の諸国・諸地域の立地環境）を把握するために、まずは経済社会（国や地域）の立地環境とはどのようなものであるのかについて整理してみよう。

(1) 経済社会の立地環境とは

経済社会の立地環境とは、経済社会の立地場所とし

> **COLUMN　ロジスティクス（logistics）とサプライチェーン（supply chain）**
>
> 原材料の調達や製品の出荷といった物流に関しては、「ロジスティクス」（戦略的物流）という用語があり、サプライチェーンや国際的なサプライチェーンを「ロジスティクス」や「国際的なロジスティクス」と言い換えることもできる。ただし、ロジスティクスは、ミクロ的な企業内における物流管理に限定して使われることが多い。
>
> 本書では、よりマクロ的な側面も含めて、物流の地理的・空間的な特徴に着目している。そのため、サプライチェーン（および国際的なサプライチェーン）という用語を使用することにする。

ての特性のことであるが、以下ではＩＣ（集積回路）産業が集積する九州をケースにして説明することにしたい。(12)

　ＩＣを生産するための主な原材料がシリコンであることから、ＩＣ産業が集積する九州は「シリコンアイランド」とも呼ばれている。では、なぜ九州にＩＣ産業が集積するようになったのだろうか。それは、立地場所としての九州の特性がＩＣを生産する電気機械メーカーにとって魅力的であったために、その組立生産拠点を本拠地である関東や関西などから九州へ立地展開したことによる。

　ＩＣという電子部品は非常に微細な電気回路であるため、不要なゴミを洗い流すための「きれいな水」が必要とされている。また、組立生産において、目のよい「若年労働者」が必要とされた。つまり、ＩＣ産業にとって必要とされる「きれいな水」や「若年労働者」が豊富に存在することが九州の立地場所としての魅力であり、それがＩＣの組立生産拠点を九州に引き寄せた理由となる。

　とはいえ、当初はＩＣ産業にとって必要不可欠とされた「きれいな水」も「若年労働者」も、

---

(12)　九州のＩＣ産業立地については、シリコンアイランド九州の過去・現在・未来を考察した、山﨑朗・友景肇編［二〇〇一］を参考にしている。

その後ほとんど不要となってしまった。なぜなら、ＩＣの組立生産において出る排水に有害な化学薬品が混入してしまうと環境問題（土壌汚染）になることが判明し、できるだけ水を使わない生産方法に改善されたからである。そしてもう一つ、ゴミが入らないクリーンルーム内で、人ではなくロボットが組立作業を行うようになってきたからである。

興味深いのは、こうした状況の劇的な変化のもとでも、ＩＣ産業における生産拠点の九州への立地展開が持続的に行われたことである。それは、ＩＣの組立生産に関連した裾野産業（部品メーカー、装置メーカー、メンテナンス会社など）が長年にわたって集積形成されたことで、ＩＣ産業における立地場所として、九州の新たな魅力を生み出したからである。

COLUMN　シリコンバレーとシリコンアイランド

IC 産業が集積する九州を「シリコンアイランド」と呼ぶのは、もちろんアメリカの「シリコンバレー」をもじったものである。シリコンバレー（シリコンの谷）とは、もともと IC 産業が集積していた、アメリカ・カリフォルニア州のサンタクララバレーとその周辺地域を指したものである。

現在、シリコンバレーはインターネットなど様々な分野の ICT（情報通信技術）産業が集積するようになっているが、産業集積を通じた地域経済発展の成功モデルとして、その地位を長年にわたって維持していることは「驚異的である」とも言える。

日本においてシリコンバレーに関する研究は多数あるわけだが、そのなかでも二神［2008］はシリコンバレーにおけるダイナミックな産業集積形成を論じており、興味深い著作となっている。

（２）経済社会の立地環境のタイプ

以上のように、経済社会の立地環境には、「きれいな水」のような自然的な立地環境や、「若年労働力」のような経済社会的な立地環境がある。また、経済社会的な立地環境でも、「関連の裾野産業の集積形成」といった企業の立地行動を通じて生み出されたタイプの場合もある。

先ほどは述べなかったが、シリコンアイランド九州のケースでは、九州各地域の自治体の熱心な企業誘致や税制上の優遇措置もＩＣにおける組立生産拠点の立地展開を促進した。こうした政府の地域開発政策によって、ある程度、立地場所としての魅力を向上することも可能である。したがって、経済社会の立地環境のタイプとしては、こうした「政策・制度的な立地環境」もあると言える。

産業の違いによって、とくに必要とされる立地環境は異なる。また、ＩＣ産業のように、時代とともに何が必要とされる立地環境なのかも変化することになる。産業立地の状況やその変化を把握するためには、経済社会の立地環境のタイプを考えながら、今、どのような立地環境が必要とされているのか、また今後必要とされる立地環境が何であるのかについて検討することが重要となる。

5 グローバルな立地環境について

グローバルな立地環境（世界の諸国・諸地域の立地環境）についても、同じようにタイプに分けながら把握することができる。ただし、グローバルな立地環境には、国内レベルでの立地環境とは異なった独特な特徴がある。

(1) グローバルな立地環境の特徴

各国政府の政策的対応

グローバルな立地環境における独特な特徴の第一として、保護貿易措置のような各国政府の政策的対応が多大な影響を与えているという点を挙げることができる。言い換えれば、政策・制度的な立地環境は、国内レベルよりも国際レベルのほうが重要性という点では顕著であるということだ。

トヨタが一九八〇年代以降、アメリカに生産拠点を設立した背景には、アメリカ政府の政策的な対応があった。日本からアメリカへの自動車輸出の急激な拡大によって日米貿易摩擦が激化し、アメリカ政府の要求により、日本の自動車メーカーは一九八一年から「輸出自主規制」を行わざるを得なくなった。そのため、アメリカ市場を確保するには、現地生産を行うことが必要不可欠となった。また、トヨタなど日本の自動車メーカーのアメリカ生産拠点が部品の現地調達を急速に拡大していった背景にも、アメリカ政府の「ローカルコンテント（現地部品調達）」という要求があった。

このようなことからして、日本企業のアジア新興国への立地行動に関しても、進出先国の政府の政策的な対応がさまざまな影響を与えていると考えられる。

各国間における市場特徴の大幅な相違

グローバルな立地環境における独特な特徴として挙げられる第二として、各国間では経済状況だけでなく、文化や生活様式などが違うため、消費者が求めるニーズや流通状況など市場の特徴が大幅に異なっていることが挙げられる。言い換えれば、市場面での経済社会的な立地環境も、国内レベルよりも国際レベルのほうがその違いが大きいということである。

アメリカの自動車市場の場合、日本に比べて広い車内空間を望む消費者が多いため、トヨタのアメリカ生産拠点では、大きめの車だが内装や機能はシンプルにして価格を抑えた自動車を生産することで販売拡大に成功している。

トヨタのアメリカ生産拠点の役割は、当初、保護貿易措置に対応したアメリカ市場の確保であったが、次第にアメリカ市場の開拓といった積極的な側面が強まったと考えられる。もちろん、日本企業のアジア新興国への立地行動においても、現地の消費者ニーズへの対応を通じた市場開拓が重要になってきている。

また、現地独特の流通状況などを考慮することも必要となる[13]。たとえば、近年、中国において自動車産業が急拡大しているわけだが、中国の流通状況では「自動車交易市場（汽車城）」の存在を見逃すことができない。

中国・広州の自動車交易市場（汽車城）。中国の各地域には、多数の自動車販売店が集積する「自動車交易市場」があり、現地独特の流通状況となっている

各国間における開発状況の大幅な相違

三番目のグローバルなレベルでの立地環境上の特徴として、先進国や発展途上国（新興国）といった開発状況が大幅に異なる国々が存在するということが挙げられる。言い換えれば、賃金水準など生産面での経済社会的な立地環境の違いが、国内レベルよりも国際レベルのほうが際立つということである。

たとえば、アジア新興国は日本に比べて労働費用が大幅に低いため、日本企業のアジア新興国への進出では、低賃金労働力の獲得を目指した立地行動といった側面がある。ただし、アジア新興国への進出においては、現地において開発が比較的に進んでいる沿海部の大都市圏（上海やバンコクなど）に集中立地するという傾向がある。沿海部の大都市圏には多国籍企業を誘致するための「輸出加工区」も設けられており、政府の政策的な対応も関係していると言える。

（13）川端［二〇〇五］・［二〇〇六］は、アジアの現地市場に関する調査研究を通じて、アジア市場のもつ多様性を考察している。市場面での経済社会的な立地環境の把握には、川端が述べているように「文脈」を読み解く作業も必要となる。

（2）グローバルな立地環境への適応

企業本国の立地環境と進出先国の立地環境が大幅に異なるということは、企業の国際的な立地行動において、これまで企業本国で行ってきた事業活動をそのままの形で海外に移転するだけでは十分な競争力を発揮することが難しいということを意味する。そのため、企業の国際的な立地行動を行う際には、現地の立地環境に適応できるように事業活動内容などを変更する「現地適応化」も必要となる。

また、各国政府の政策的対応や発展途上国（新興国）の経済成長などでグローバルな立地環境は変化しやすいため、こうした立地環境の変化にも継起的に対応していくことが重要となる。場合によっては、事業拠点の立地場所はそ

COLUMN　アジア新興国における立地環境の変化

中国やASEAN4など、アジア新興国における立地環境はダイナミックに変化している。2000年代以降のアジア新興国の立地環境の大きな変化の一つとして、一人当たりGDPが3,000ドルの壁を超えた（または超えつつある）諸国が増えてきたことが挙げられる。たとえば、タイは2006年に、中国は2008年に、インドネシアは2010年に3,000ドルの壁を突破している（一人当たりGDPは、IMF“World Economic Outlook Database”のデータを使っている）。

一人当たりGDPはその国の所得水準や賃金水準を示すものであるため、その上昇は、消費拡大といった立地環境上の魅力を高める一方で、賃金の高騰といった立地環境上のリスクも増大することになる。

のままであっても、その事業活動内容などについては、立地環境の変化に対応して変更していくこととなる。

6　国際産業立地論のキーワードのさらなる把握のために

以上、「企業の国際的な立地行動」と「グローバルな立地環境」といった国際産業立地論のキーワードについて説明してきた。

企業の国際的な立地行動では、海外現地法人に関するデータを見ることによって企業の事業活動の国際的な配置状況を把握することが重要である。また、海外での事業活動の役割を把握するためには、部品などの原材料の調達や製品の出荷といった「サプライチェーン」の視点が欠かせない。なお、国際的なサプライチェーンがどのように行われるかは、企業本国と進出先の国々の間における国際分業（貿易構造）にも影響することになる。

企業の立地行動の論理そのものは国内レベルでも国際レベルでも基本的に同じであるが、企業の国際的な立地行動は、国内レベルの立地環境とは異なったグローバルな立地環境のもとで行われるため、独特な特徴や動向が生じると考えられる。とくに、各国政府の政策的対応、各国間における市場特徴の大幅な相違、各国間における開発状況の大幅な相違が、企業の国際的な立地行動に多大な影響を及ぼしていると言える。

次の第Ⅱ部では、企業の国際的な立地行動とグローバルな立地環境のさらなる把握のために、多国籍企業論や産業立地論を検討しながら国際産業立地に関する論理を掘り下げて考察していくことにする。

COLUMN　ミクロ的な企業の国際経営とマクロ的な国際経済

国際産業立地の状況やその変化を考察するためには、ミクロ的な企業の国際経営（日本企業のアジア進出など）とマクロ的な国際経済（日本とアジア諸国の国際分業の変化など）の両面を把握する必要がある。

国際産業立地論のキーワードのうち、「企業の国際的な立地行動」はミクロ的な企業の国際経営について把握するものである。一方、「グローバルな立地環境」はマクロ的な国際経済について把握するものとなる。

ただし、ミクロ的な企業の国際経営とマクロ的な国際経済は相互に複雑に絡み合っているため、それを読み解くためには「国際産業立地に関する論理」が不可欠となる。

第Ⅱ部

国際産業立地の理論的検討

日本企業が手掛けている中国・上海市郊外の住宅開発

これまで見てきたように、近年における国際産業立地に関する特徴や動向として、日本とアジア諸国における産業立地の再編成が進行していることや、アジア新興国の大都市圏に産業集積が本格的に形成されていることなどが注目される。日本企業のアジア進出についても、製造業だけでなく、小売業やサービス業などさまざまな産業において行われるようになってきた。

企業の海外進出など経済のグローバル化については、経済学や経営学における多様な分野で研究がなされているが、事業活動の地理的配置のような地理的・空間的な側面から経済のグローバル化を捉え直してみると新たな発見があると考えられる。このことが、企業の国際的な立地行動や、その背景にあるグローバルな立地環境を考察する「国際産業立地論」の重要な役割であると言える。

国際産業立地論のキーワードとして、企業の国際的

タイ・バンコクのショッピングセンター内にある日本食エリア。大阪の街角と見間違いそうになる

な立地行動とグローバルな立地環境について説明をしたわけだが、前者に関しては、「事業活動の国際的な配置」、「国際的なサプライチェーン」、「海外での事業活動の役割」などもキーワードとして挙げることができる。また、後者に関しては、「各国政府の政策的対応」、「各国間における市場の特徴の大幅な相違」、「各国間における開発状況の大幅な相違」、「グローバルな立地環境への適応」などがキーワードとして挙げられる。

第Ⅱ部では、上記の国際産業立地論のキーワードを掘り下げて考えるために、多国籍企業論や産業立地論を整理・検討し、国際産業立地に関する論理をまとめていくことにする。最初に、多国籍企業論について整理・検討し（第3章）、次いで産業立地論について整理・検討する（第4章）。なお、多国籍企業論についての検討も、産業立地論の観点から行っており、その意味では、第3章と第4章の内容は相互に密接につながっていると言える。

こうした理論的な検討部分については抽象的で分かりにくい内容を含むため、多少は読み飛ばしていただいても差し支えない。だが、多国籍企業論は、現代のビジネスには欠かせない基礎知識の一つでもあるので、じっくりと読んでいただき、その理論的な面白さを感じてもらいたい。また、産業立地論は必ずしもメジャーな学問分野ではないものの、その重要性はますます高まってきている。噛めば噛むほど味のある産業立地論の理論的な面白さも、ぜひ、じっくりと読んで味わってほしい。

第3章 多国籍企業論の検討

企業の海外での事業活動に関する研究は、主として多国籍企業論や海外直接投資論、国際経営論などで行われてきた。本書では、こうした海外事業活動に関する諸研究をまとめて、広い意味での「多国籍企業論」と呼ぶことにしたい。

この第3章では、日本企業のアジア諸国への立地行動[1]（以下、アジア立地行動）に関連づけながら、主要な多国籍企業論について整理・検討していくことにする。ハイマー（Stephen Herbert Hymer, 1934~1974）、ヴァーノン（Raymond Vernon, 1913~1999）、ヘライナー（Gerald K. Helleiner, 1936~）、ラグマン（Alan M. Rugman, 1945~2014）、ポーター（Michael E. Porter, 1947~）などの多国籍企業論のエッセンスを紹介し、こうした「理論」によって、どの程度、日本企業のアジア立地行動を説明することができるのかを考えてみる。

1 ハイマーの多国籍企業論

(1) ハイマーの多国籍企業論について

多国籍企業についての理論を先駆的に提起したのは、ハイマーの研究である。ハイマーは、産業組織論の観点から少数の企業が市場を独占している「寡占産業」において海外直接投資が行われていることや、海外直接投資の流れには「アメリカからヨーロッパへ」および「ヨーロッパからアメリカへ」といった相互浸透現象が見られることを明らかにし、企業の海外事業活動のために海外直接投資が行われることを論理づけた。(2)

ちなみに、ハイマーの多国籍企業論は「海外直接投資」がキーワードになっているため、「海外直接投資論」あるいは「海外直接投資の相互浸透論」とも呼ばれている。

(1) 産業立地論の観点から多国籍企業論を検討した研究には、鈴木［一九八七］・［一九九四］・［一九九九］や松原［一九九〇］などがある。また筆者は、鈴木編［二〇一五］の第1章で、近年の日本企業のアジア立地行動に関連づけながら多国籍企業論を再検討しており、本章はその内容を加筆したものである。

(2) ハイマーの多国籍企業論については、**Hymer**［1960］（邦訳書、二七〜三九ページ）を参照した。

当時は、国際金融論の観点から海外投資について説明がされていた。その内容は、海外投資は金利（利子率）が低い国から高い国へと流れていくという説明であった。ハイマーは、海外投資を海外直接投資と海外間接投資に分けて、海外間接投資は国際金融論による説明が可能であるものの、海外直接投資については企業の海外事業活動から説明すべきものであることを明らかにした。

また彼は、企業が海外事業活動を行うためには、進出先の現地企業に対して生産面あるいは流通面などで企業優位性があることが必要条件であり、こうした優位性は寡占産業における企業（寡占企業）が保持していることを論じている。さらに寡占企業は、その優位性を活用して海外事業活動を行い、進出先の市場シェア（市場占有率）をより多く獲得できることを論じている。

なお、ハイマーは、アメリカとヨーロッパの寡占企業間の市場シェア獲得競争については、経済モデルを使った説明も行っている（Hymer and Rowthorn［1970］）。それは、アメリカ企業とヨーロッパ企業の総売上高が、アメリカおよびヨーロッパの市場規模とそれぞれにおける市場シェアによって決まると想定したモデルである。

海外直接投資が行われていない段階では、アメリカ企業もヨーロッパ企業も自らの市場でのシェアがそれぞれ大きいと考えられる。もし、ヨーロッパ市場がアメリカ市場よりも高い成長率となると、アメリカ企業はヨーロッパ市場でのシェアを増大させないかぎり、ヨーロッパ企業の成長に後れを取ることになる。そのため、アメリカ企業のヨーロッパ市場への進出がなされるわけだが、そうすると、それに対抗してヨーロッパ企業が逆にアメリカ市場へと進出することになる。こうした結果、アメリカとヨーロッパにおいて、海外直接投資の相互浸透現象が生じるのである(3)。

(2) ハイマーの多国籍企業論の応用

ハイマーの多国籍企業論を日本企業のアジア立地行動の説明に応用すると、アジア諸国（とくにアジア新興国）における市場の高い

(3)　ここで記したハイマーのモデルに関する論述は、Hymer and Rowthorn［1970］（邦訳書、二一〇～二一二ページ）を参照した。

中国・上海の南京路。「世界の市場」となった上海の繁華街である南京路には、高級百貨店やおしゃれなショップなどが立ち並んでいる

成長率が日本企業のアジア諸国への海外直接投資を誘発しており、日本企業はその優位性を活用しつつ、相手国市場への進出を通じて市場支配力を強化し、アジア諸国における市場シェアをより多く獲得しようとしていると言える。

もちろん、ハイマーの多国籍企業論は、アメリカとヨーロッパといった先進国の寡占企業間の市場シェア獲得競争に注目しており、発展途上国向けの海外進出を論じたものではない。だが、アジア諸国の一人当たりGDPの上昇により、アジア諸国の市場としての重要性が大きくなっていることを踏まえれば、ハイマーの研究を参考にしながら海外現地市場の開拓といったアジア立地行動の論理を考えることは有用であろう。

COLUMN　海外直接投資について

海外直接投資は、海外事業活動を行うための海外投資である。言い換えれば、海外現地法人の設立や拡充などのための海外投資である。国際貿易に「輸出」と「輸入」があるように、海外直接投資にも「対外直接投資」と「対内直接投資」がある。通常、海外直接投資と言った場合、対外直接投資を指している。

なお、海外直接投資は海外間接投資とは理論的には区別されているが、現実には、外国企業の株式取得のための海外投資と言った場合、海外事業活動を行うための海外直接投資であるのか、海外での資産運用のための海外間接投資であるのかが曖昧なこともある。日本政府などの統計では、外国企業の株式の10%以上を取得する場合は海外事業活動のために外国企業を子会社化していると見なして、海外直接投資と分類している。また、10%未満を取得する場合は、原則として海外間接投資に分類している。

2 ヴァーノンの多国籍企業論

(1) ヴァーノンの多国籍企業論について

ヴァーノンは、ハーバード大学の多国籍企業研究プロジェクトのリーダーとして、アメリカ多国籍企業によって行われる海外直接投資や国際貿易について理論的に検討し、「プロダクトサイクル論」として著名な考え方を提起した（Vernon［1966］）。彼の研究はハイマーの研究とともに先駆的な多国籍企業論であるが、産業立地論の観点から見れば、多国籍企業の立地を考察した点で先駆的であると言える。

プロダクトサイクル論は、製品のライフサイクルにともなって、アメリカ企業が製造活動を海外に立地展開していくプロセスを考察するものである。製品のライフサイクルにおける「新製品段階」では、アメリカで生産していた企業が製品のライフサイクルの後の段階になると、他の先進国、さらには発展途上国で海外生産を行うようになる。これによって、アメリカから他の先進国や発展途上国へと海外直接投資が流れていくとともに、こうした海外直接投資の結果、アメリカからの輸出が次第に他の先進国や発展途上国からの輸入へと転換していくことになる。

製品のライフサイクルにともなった立地行動の論理については第4章で詳しく説明するが、製品のライフサイクルにおける「新製品段階」においては、外部経済の面で有利な産業集積地に立地する傾向がある。その一方、製品のライフサイクルの後の段階になると外部経済の重要性が低下し、低賃金である周辺地域（低開発地域）へと立地展開していく傾向がある。

当時、アメリカの経済力は圧倒的であり、世界の産業集積地であるアメリカから、製品のライフサイクルにともなって世界の周辺地域（他の先進国、発展途上国）へと製造活動が立地展開していくとヴァーノンは考えた(4)。

(2) ヴァーノンの多国籍企業論の応用

ヴァーノンの多国籍企業論（プロダクトサイクル論）を日本企業のアジア立地行動の説明に応用すると、日本はアジアにおける産業集積地であり、新製品段階では外部経済面で有利な日本に製造活動を立地することとなる。また、製品のライフサイクルが後の段階では外部経済の重要性が低下するため、こうした製品の製造活動は、低賃金労働力を求めて周辺地域であるアジア諸国（とくにアジア新興国）へと立地展開していくことになる。

なお、小島清『世界貿易と多国籍企業』（創文社、一九七三年）は、雁行形態論（雁行形態型の産業発展）の観点からプロダクトサイクル論を検討しており、日本企業のアジアへの海外直接投資が日本の比較劣位産業をアジア諸国へ移転し、日本とアジア諸国における産業構造の相互高度化を進めていることを論じている。

たしかに、アジアの産業発展の先頭に立つ日本で新製品が次々に生まれ、新たな比較優位産業が育っていくのならば、製品のライフサイクルにともなう製造活動のアジア諸国への立地展開は問題なく持続的に行われると考えられる。ただし、現実には、雁行形態型の産業発展パターンは崩れてきており、製品のライフサイクルにともなったアジア立地行動といった論理では、現実を説明するのが難しくなってきている。

（4）ヴァーノンの多国籍企業論については、Vernon［1966］pp.192～207を参照した。

COLUMN　製品のライフサイクル

製品のライフサイクルとは、製品にも人の生涯のように「誕生→成長→成熟→衰退」といったライフサイクルがあるという考え方である。ヴァーノンは、製品のライフサイクルを「新製品段階」、「成熟製品段階」、「標準化製品段階」といった三つの段階に分けながら、製品のライフサイクルにともなったアメリカ企業の国際的な立地行動について考察している。

なお、標準化製品段階とは、製品のライフサイクルがかなり進んで、製品が標準化（規格化）された段階のことである。この段階では規格化された製品を大量生産することになり、大規模な量産工場で働く低賃金労働者を確保するために、発展途上国へと立地展開する傾向が生じる。

3　ヘライナーの多国籍企業論

(1) ヘライナーの多国籍企業論について

ヘライナーは「企業内貿易論」の先駆者として有名であり、ヴァーノンと同様にアメリカの多国籍企業による製造活動の発展途上国への立地展開について論じているが、「企業内国際分業」の観点から独自の理論を展開している。

最終製品ができるまでには部品生産や組立生産などといった複数の生産工程があるが、ヘライナーはアメリカ多国籍企業が労働集約的な生産工程だけを発展途上国に配置していること、すなわち、アメリカと発展途上国の間で企業内国際分業（および企業内貿易）が行われていることに着目した。(5)

ヘライナーによると、こうしたアメリカ多国籍企業の発展途上国への立地行動は、発展途上国政府の工業化政策・輸出拡大戦略と密接に結び付いている。発展途上国政府は、輸入代替型工業の輸出型工業への転換など輸出拡大戦略の失敗により、企業内国際分業における労働集約的生産工程への特化という戦略を選択したのである。ちなみに、輸入代替とは、輸入していた工業製品を国内生産に切り替えることである。

また、ヘライナーは、輸送手段やコンピュータ技術の発展を通じて、遠距離輸送におけるコストが低下し、情報通信が容易になり、国際的な事業活動における「距離」の影響が小さくなってきたこともアメリカ多国籍企業の発展途上国への立地行動の背景として指摘している。

なお、ヘライナーは、プロダクトサイクル論への批判も行っている。ヴァーノンが最終製品（プロダクト）に注目し、その標準化の進行にともなった製造活動の発展途上国への立地展開を論じたのに対して、ヘライナーは生産工程（プロセス）に注目することにより、

（5）ヘライナーの多国籍企業論（企業内国際分業論）については、Helleiner［1973］pp.24～43を参照した。ヘライナーは、企業内貿易についての実証研究も先駆的に行っている（Helleiner［1981］）。

COLUMN　フラグメンテーション（fragmentation）について

近年、フラグメンテーションの考え方により、日本企業のアジアにおける国際的生産ネットワークが論じられている。フラグメンテーションとは、生産活動を複数の生産ブロックに分解し、それぞれの活動に適した立地条件のところに分散立地させることである。そのためには、生産ブロックの間を結ぶ「サービス・リンク・コスト」が十分に低い必要がある（木村［2003］107～108ページ）。

ヘライナーの企業内国際分業論は、こうしたフラグメンテーションの考え方を先取りしたものとも言える。

標準化されない段階においても、低賃金労働力の獲得を目指して、発展途上国への労働集約的な生産工程の立地展開が生じると批判したのである。

(2) ヘライナーの多国籍企業論の応用

ヘライナーの多国籍企業論（企業内国際分業論）を日本企業のアジア立地行動に応用すると、製品のライフサイクルが後の段階にならなくても、企業内国際分業の観点から労働集約的な生産工程については日本からアジア諸国（とくにアジア新興国）へと立地展開していくことになる。こうした生産工程の部分的な立地展開は、アジア諸国政府の工業化政策とも関係しているだけでなく、輸送手段や情報通信技術の発達が生産工程の分散的な配置を可能にしたと言える。

企業内国際分業論は、国際的な工程間分業に注目しているわけだが、近年、日系アジア現地法人の現地調達が増大してきており、アジア新興国への生産工程の部分的な立地展開（労働集約的生産工程の立地展開）といった論理では現実をうまく説明できない場合も生じてきている。

4 ラグマンの多国籍企業論

(1) ラグマンの多国籍企業論について

「内部化理論」を打ち立てたことで高名なラグマンは、「内部化」を通じた市場の不完全性（市場の失敗）への対応から、多国籍企業によって行われる海外直接投資・海外現地生産について論じている。(6)

なお、内部化とは企業間取引（市場取引）を企業内取引にすることであり、企業の内部組織・内部市場を活用することである。また、市場の不完全性には、技術知識の価格設定の困難性といった「自然的な市場不完全性」と、自由貿易の障壁となる政府規制といった「人為的な市場の不完全性」がある。

製品の海外市場への供給方法として、「輸出」、「海外直接投資・海外現地生産」、「ライセンシ

---

(6) ラグマンの多国籍企業論（内部化理論）については、Rugman［1981］（邦訳書七～四七ページ、一五九～一六〇ページ）および、Rugman, Lecraw and Booth［1985］（邦訳書一六八～一七一ページ）を参照した。

ング」（外国企業へのランセンス供与）があるわけだが、自然的な市場不完全性のために技術知識といった企業優位性が消散するリスクが大きい場合は、ライセンシングは行われない。また、人為的な市場の不完全性のために自由貿易が大幅に制限される場合は、輸出が行われない。したがって、多国籍企業によって行われる海外直接投資・海外現地生産は、知識消散リスクや自由貿易障壁（保護貿易措置）をその内部市場によって克服する方法となる。

内部化の視点から多国籍企業をいち早く研究したのは、レディング学派（イギリスのレディング大学を拠点とした学派）の研究者であるバックレイ（Peter J. Buckley）とカソン（Mark Casson）であるが、主としてライセンシングの問題について考察したものであった(7)。ラグマンもレディング大学で研究活動を行ったレディング学派であり、バックレイとカソンの研究を踏まえながら内部化の観点を多国籍企業の全般的な問題に広げ、多国籍企業の存在理由を明らかにする一般理論として「内部化理論」を提起したのである。

（2）ラグマンの多国籍企業論の応用

ラグマンの多国籍企業論（内部化理論）を日本企業のアジア立地行動に応用すると、アジア諸国政府による自由貿易障壁（保護貿易措置）によって現地への輸出が制限される場合、日本企業は、当該諸国の市場に製品を供給するために海外直接投資・海外現地生産を行うことになる。また、知識消散リスクが小さい場合には、アジア諸国の現地企業へライセンス供与をすることもあり得る。

内部化の視点は、日本企業のアジア立地行動を考える際においても重要であるものの、ラグマンの多国籍企業論のように多国籍企業のすべての問題を内部化から捉えようとするのには無理がある。また、ファーストリテイリング（ユニクロ）のように衣服生産を海

(7)　バックレイとカソンの研究については、Buckley and Casson［1976］（邦訳書、三八～六三ページ）を参照した。

COLUMN　ティースによる内部化理論の批判

ティース（David J. Teece,1948～）は、近年、ビジネス研究で注目されている「ダイナミック・ケイパビリティ論」の創始者であるが、その観点から多国籍企業の内部化理論について批判的に論じている（Teece［2014］のほか Teece［2009］も参照）。ダイナミック・ケイパビリティとは、ダイナミックに変化する経営環境における機会や脅威を感知し、それに対応するように企業内外の経営資源をオーケストレーション（結合・編集）していく「組織能力」のことである。

こうした組織能力をもった多国籍企業の場合、海外現地法人を設立することにより、自国外での機会や脅威を感知するとともに、それに対応するように国境を越えた学習や技術移転を促進することができる。そのため、多国籍企業の本質は、内部化理論が想定するような「市場の失敗を克服し、取引コストを最小化する存在」ではなく、「本国と外国における経営資源を開発・移転・活用することで、価値を創造する存在」であると述べている。

外の現地企業に委託するケースもあり、内部化だけに目を向けるのではなく、多国籍企業も内部化とアウトソーシングの両方を使い分けていると考えるほうがよいであろう。

なお、ダニング（John H. Dunning, 1927～2009）はレディング学派の重鎮であり、「内部化の視点」を重視しながらも、ハイマーの多国籍企業論のような「企業が所有する優位性の視点」やヴァーノンの多国籍企業論のような「立地の視点」も同様に重要であると論じている。ちなみに、ダニングの多国籍企業論は、従来の多国籍企業論の考え方を、企業が所有する優位性（Ｏ：Ownership advantage）、立地（Ｌ：Location）、内部化（Ｉ：Internalization）といった三つの視点から複合したものであるため「ＯＬＩアプローチ」と呼ばれている。[8]

5　ポーターの多国籍企業論

(1)　ポーターの多国籍企業論について

アメリカのハーバード・ビジネス・スクールの看板教授であり、競争戦略論の観点から多国籍企業の競争戦略を研究したマイケル・ポーターは、従来の多国籍企業論について、「輸出またはライセンシングから始まり、最後には外国に現地法人を設立するまでの知識が蓄積されてきたものの、実際の多国籍企業を経営するための戦略については無知である」と厳しく批判している。(9)

ポーターは、多国籍企業は「バリューチェーン」(価値連鎖)を踏まえながら、その事業活動を世界的にどのように配置し、事業活動間をどのように調整するかを戦略的に決定しなければならないと論じている。なお、バリューチェーンとは、企業内における事業活動間のリンケージ(結び付き)であり、企業の事業活動は主活動(製造活動や販売・マーケティング活動など)および支援活動(各種の管理活動や研究開発活動など)から成り立っている。主活動は、さらに製造活動などの上流活動と、販売・マーケティング活動などの下流活動に区分される。

ポーターによると、企業は事業活動を一か所または数か所に集中することによって規模や習熟の経済性を得るが、その一方で、事業活動を分散することによって市場に密着し、活動ノウハウの把握が容易になるとともに輸送・通信・保管のコストを節約できるとしている。

このように、下流活動は市場に合わせて分散的に配置される傾向があるものの、上流活動や支援活動をどのように地理的に配置するのかは、個々の企業の競争戦略によって大きく異なる。

---

(8) ダニングの多国籍企業論については、Dunning [1979] pp.275~290を参照した。

(9) ポーターの多国籍企業論(多国籍企業の競争戦略論)については、Porter, ed. [1986] pp.15~60(邦訳書、一九~七一ページ)を参照した。

図３－１　多国籍企業の競争戦略のタイプ

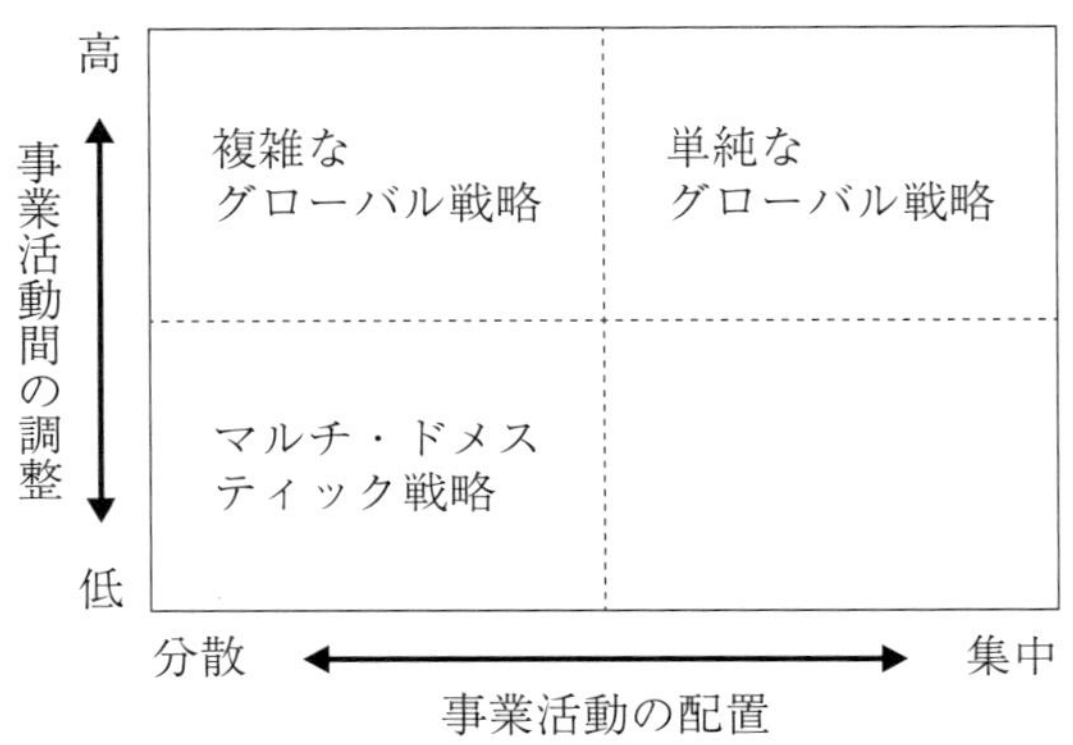

出所：Porter, ed.［1986］（邦訳書34ページ）より引用（一部加筆修正）。

ポーターは、多国籍企業の競争戦略のタイプを検討するために**図３−１**のようなフレームワークも提示している。図の横軸は事業活動の配置（集中から分散まで）を表し、縦軸は事業活動間の調整（低レベルから高レベルまで）を表している。

図３−１の右上の「単純なグローバル戦略」は、できるかぎり多くの事業活動を一国だけに集中し、この本拠地から世界中に手を伸ばして、本来なら買い手の近くでやらねばならない事業活動も「標準化」という手段で強く調整するものである。この戦略は一九六〇年代と一九七〇年代に多くの日本企業が採用したパターンであり、その代表となるのがトヨタ自動車である、とポーターは述べている。

トヨタは世界の自動車業界で低コスト・メー

カーの地位を守るために、どちらかというと単純なグローバル戦略を採用したが、アメリカ企業であるＧＭは、昔から各国に工場を造り、地域によってはブランド名までも別にする「国を中心とした国際戦略（マルチ・ドメスティック戦略）」で競争してきた。

だが、トヨタは、その国際的地位が高まるにつれてより分散型の方向へ動きつつあり、一方ＧＭは、事業活動間の調整を高める方向へ動きつつある。すなわち、多国籍企業の競争戦略は、今後、**図３－１**にある左上の「複雑なグローバル戦略」に向かうことになる。

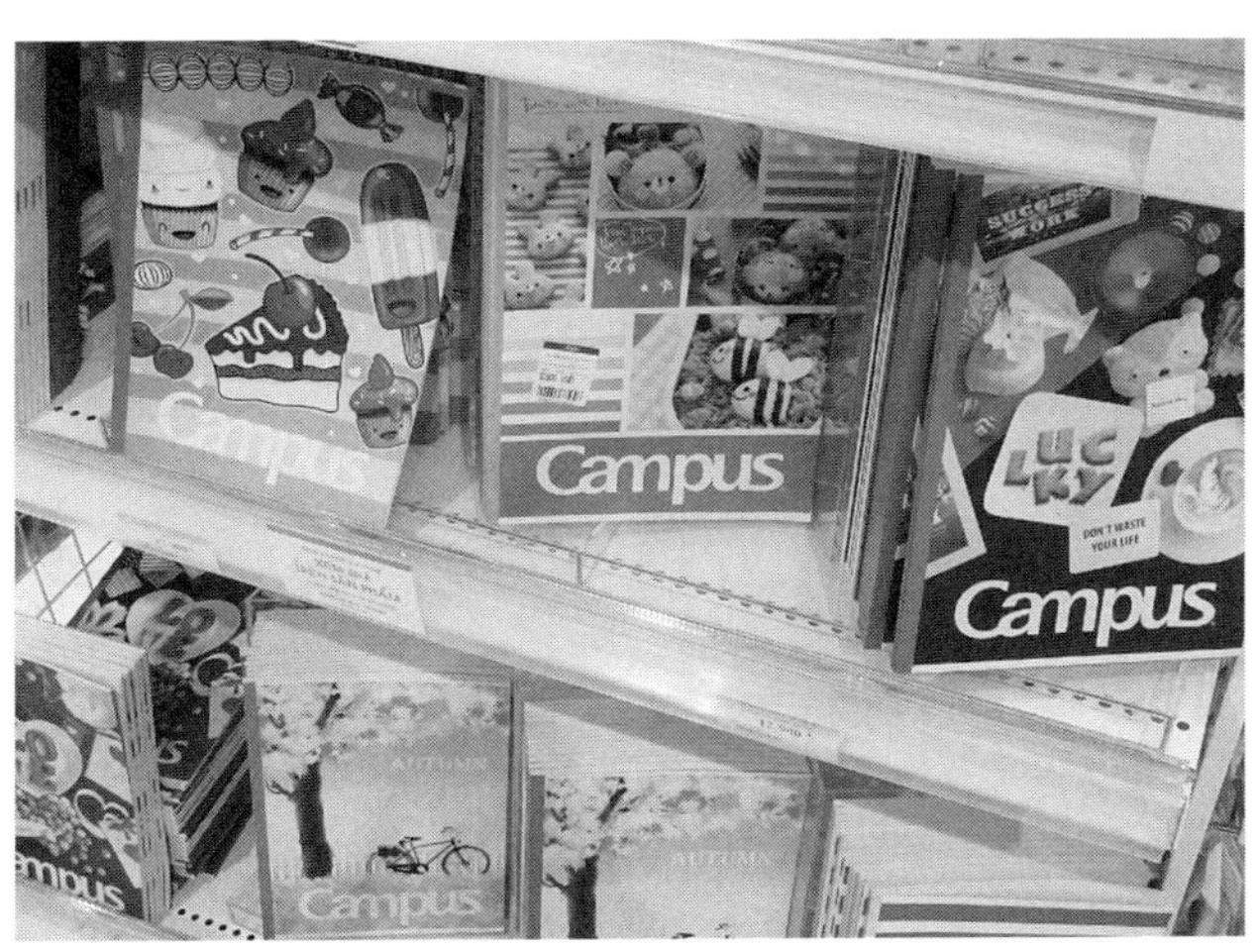

ベトナムで販売されている「キャンパスノート」。コクヨはベトナム市場を開拓するために、現地で「キャンパスノート」を生産・販売しており、表紙デザインも現地テイストにしている

（2）ポーターの多国籍企業論の応用

ポーターの多国籍企業論（多国籍企業の競争戦略論）を日本企業のアジア立地行動に応用すると、事業活動のグローバルな分散配置により、アジア諸国の市場に密着し、活動におけるノウハウの把握が容易になるとともに輸送・通信・保管のコストを節約することができる。それによって、バリューチェーンにおける製造活動だけでなく、販売・マーケティング活動などの下流活動もアジア諸国への配置が進んでいくことになる。

ポーターの多国籍企業論も、発展途上国向けの海外進出を論じたものではないが、日本企業にとってアジア諸国（とくにアジア新興国）の現地市場開拓が重要になりつつあるので、現地市場開拓のためのアジア立地行動の論理を考える際にはポーターの研究が非常に

COLUMN　多国籍企業の経済学的研究と経営学的研究

従来の多国籍企業論は、主として海外直接投資や国際貿易といった各国間のマクロ的な国際経済との関連で考察しており、「多国籍企業の経済学的研究」と言えるものである。一方、ポーターやバートレットの研究は、ミクロ的な企業の国際経営の側面から多国籍企業を研究しており、「多国籍企業の経営学的研究」と言える。

企業の国際的な立地行動そのものを考える際には、多国籍企業の経営学的研究が特に有用である。だが、企業の国際的な立地行動をその背景にあるグローバルな立地環境との関連で考える上では、多国籍企業の経済学的研究もあわせて参考にすることが必要となる。

参考になる。

なお、ハーバード・ビジネス・スクールの名誉教授であるバートレット（Christopher A. Bartlett, 1943～）は、多国籍企業の経営組織論の観点からポーターの議論を展開している。

バートレットによれば、グローバルな統合を重視する「単純なグローバル戦略」の場合は、本国の親会社が海外現地法人を強くコントロールする「集権型の経営組織」が採用されやすく、各国におけるニーズへの対応を重視する「マルチ・ドメスティック戦略」の場合は、海外現地法人に権限を与える「分権型の経営組織」が採用されやすいとしている。ただし、今後は、グローバルな統合と各国におけるニーズへの対応といった両方のメリットを獲得できるような経営組織が必要となるとも示している[10]。

ポーターの論じる「複雑なグローバル戦略」も、事業活動の分散的な配置を進めつつも調整は強く行うことで、グローバルな統合と各国におけるニーズへの対応といった両方のメリットの獲得を目指していると言えるだろう。

---

(10) バートレットの研究（Bartlet［1986］）は、注（9）のポーター編著（Porter, ed.［1986］）の一つの章として、ポーターの議論を踏まえて展開している。

6　多国籍企業と世界都市システムの研究

最後に、その他の多国籍企業論として、多国籍企業と世界都市システムの研究についても見ておきたい。

多国籍企業と世界都市システムに関しても、ハイマーが先駆的な研究を行っている。ハイマーは、「多国籍企業にとって国境線というのは自動的に消滅してしまうインクで書かれた区画にすぎない。少なくとも多国籍企業を分析する単位としては、国家よりも都市の方が意味がある」と論じたうえで、「国際的レベルから見ると、多国籍資本の集中化傾向は都市の世界的ヒエラルキー化を意味している。高度な意思決定は、いくつかの主要大都市――たとえば、ほぼ北緯四〇度から五〇度の範囲で環を形成しているニューヨーク、東京、ロンドン、フランクフルト、パリなど――に集中するであろう」とし、「世界中に散在するより小さな都市は、特定の地域的問題に関する日常的な事業活動を担当するであろう。これらの都市もまた、ヒエラルキー的形態で配置されるであろう。より大きくより重要な都市ほどその中に企業の地域指令部が置かれ、より小さな都市には、低次の事業活動しか割り当てられないであろう」と結論づけている。[11]

また、都市研究の分野で著名なフリードマン（John Friedman, 1926～2017）は、都市論の観点からハイマーと同様の考え方を「世界都市仮説」（世界都市論）として提起しており、「世界都市」の類型化も行っている。アジアでは、東京が中心国家グループの第一次都市に、シンガポールが半周辺国家グループの第一次都市に、香港や台北、ソウルなどは半周辺国家グループの第二次都市に位置づけられている（Friedmann [1986] p.72）。

なお、経済地理学者であるディッケン（Peter Dicken）は、ハイマーの研究を高く評価する一方で次のように問題点を指摘している。

「ハイマーは、きわめて単純な階層的構造をもつ組織として多国籍企業をみなしていた。これは当時の研究がおかれていた一般的な時代状況を考えると至極当然のことであろう。ハイマーは多国籍企業本社の集積傾向について論じたものの、さまざまのレベルの企業がそれ以外の企業といかに相互作用し合うかについて考察が及ばなかった」

「現実のグローバル経済を成り立たせているものは、多種多様で複雑な形をとった、組織内および組織間のネットワーク――多国籍企業の社内ネットワーク、戦略的提携、下請け関係、その他新しい組織形態が作り出すネットワーク――である」

「こうした組織的ネットワークは、地理的ネットワークと交錯する。地理的ネットワークは、相

（11）Hymer [1972]。邦訳書、三七一～三七二ページを参照。

互関連した経済活動の集積（クラスター）を中心としつつ構造化されている[12]」

筆者も以上のようなディッケンの捉え方に同意するわけだが、組織的および地理的なネットワークがどのように構造化されているのかを明らかにするには、企業の国際的な立地行動とその背景にあるグローバルな立地環境を読み解いていく作業が残されている。また、ハイマーやフリードマン、ディッケンが見落としている、ネットワークのダイナミックな変化にも注目する必要があろう。

COLUMN　アジアにおける世界都市システム

世界都市システムとは、経済のグローバル化が進むなかで、多国籍企業の事業活動が配置された主要都市が相互にネットワーク化されている状況を示す用語である。世界都市システムは、ハイマーやフリードマンが論じるような階層的側面も有するものの、むしろディッケンが論じるような多種多様で複雑な形をとった地理的ネットワークであると考えられる。

ハイマーやフリードマンは世界都市システムを構造的・固定的に捉えているが、アジアにおける世界都市システムでは、日本とアジア諸国における産業立地の再編成を反映して、ネットワークにおける各都市のポジションも一定ではないと考えられる。つまり、東京や大阪など日本の大都市が、シンガポール、香港、ソウル、台北、クアラルンプル、バンコク、ジャカルタ、マニラ、上海、北京などのアジアの大都市に比べて高次の経済的機能（ハブ機能）を維持していくためには、その立地環境上の優位性をさらに高めていくことが欠かせないと言える。

第4章

産業立地論の検討

1 企業の立地行動の論理

企業の立地行動とは、基本的にはどのような事業活動をどのような場所に配置するのか、ということであるが、国境を越えて行われていく「グローバルな側面」が強まる一方で、産業集積形成のように、特定の場所に集中する「ローカルな側面」も見られる。すでに述べたように、企業の立地行動の背景にある経済社会の立地環境は、国内レベルのものと国際レベルのものとは異なるものの、立地行動の論理は国内レベルでも国際レベルでも同じであると考えられる。

(12) Dicken［1998］：邦訳書（上）三〇六ページ。

産業立地論は、企業や経済社会に関する諸問題を地理的・空間的に研究する学問であり、とくに企業の立地行動の論理について検討されてきた。本章では、企業の立地行動の論理を深く理解できるように産業立地論を整理・検討するわけだが、アルフレッド・ウェーバーの産業立地論など伝統的な産業立地論とともにマイケル・ポーターの産業立地研究も取り上げていくことにする。

2　伝統的な産業立地論

(1)　ウェーバーの産業立地論と立地要因

ウェーバーの『工業立地論』は産業立地論の先駆的な研究の一冊であり、主として生産拠点（工場）の立地を決める「立地要因」について考察している。[13] なお、ウェーバーはドイツの研究者であるため、当時のドイツの工業（主として鉄鋼業）を念頭に置いて『工業立地論』が書かれていることを忘れてはならない。

ウェーバーは「費用の最小化＝最適立地」と考え、**図4－1**に示されるように、立地要因として輸送費用要因と生産費用要因を挙げている。また、生産費用要因については「労働費用」と「集

図４－１　ウェーバーの産業立地論の立地要因の考え方

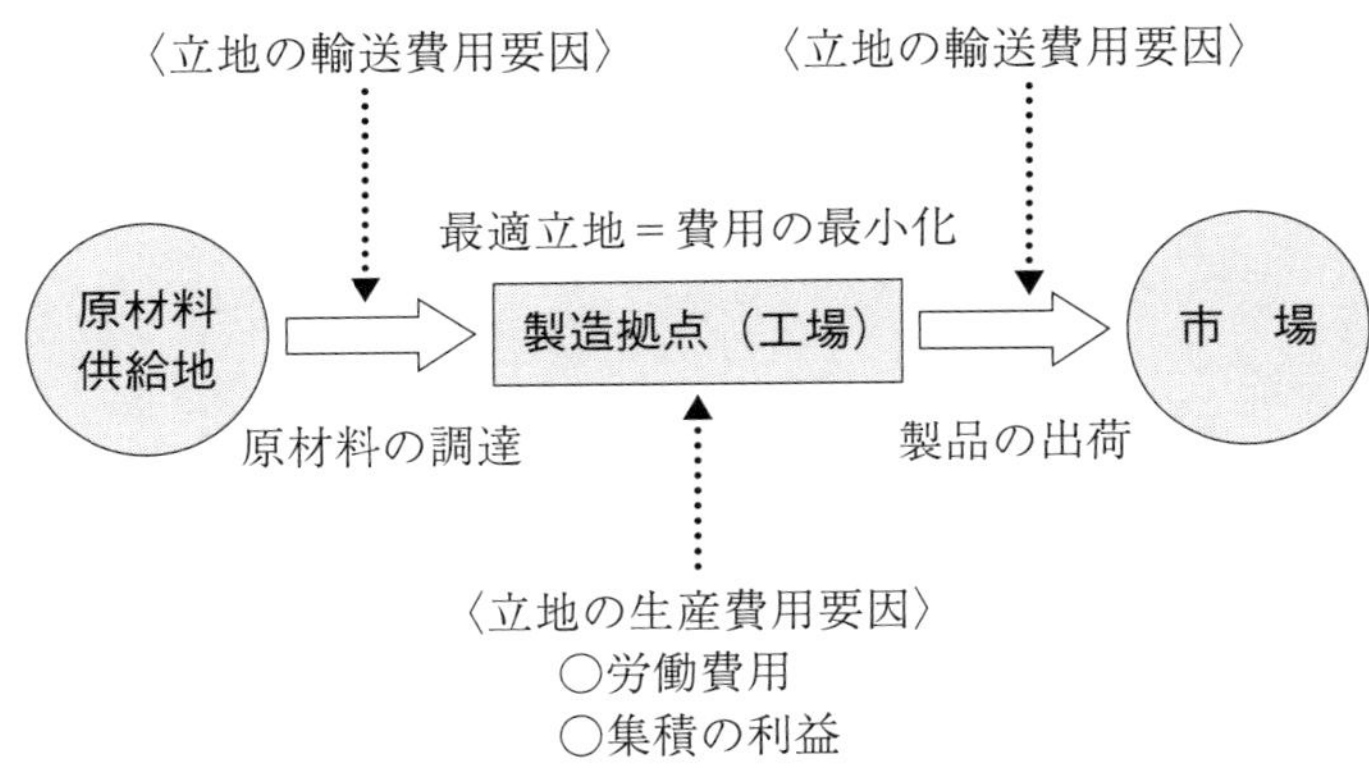

出所：Weber［1909］（邦訳書69～119ページ）を参考にして筆者作成。

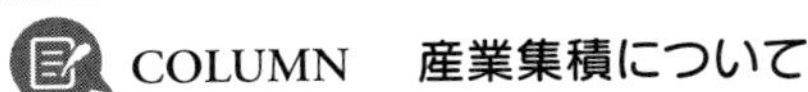

COLUMN　産業集積について

伝統的な産業立地論でも、ポーターの産業立地研究でも、事業活動が地理的に集中する「産業集積」に関する考察が行われており、産業集積が産業立地論のキーワードの一つとなっている。

ウェーバーの産業立地論は産業集積について先駆的に考察した研究であるが、ミクロ経済学の基礎を構築したマーシャル（Alfred Marshall,1842～1924）も、外部経済上の利益について論じる際、中小企業の複数の生産拠点が地理的に集積した状況について論じている（Marshall［1880］）。そのため、中小企業を中心とした産業集積研究では、ウェーバーの産業立地論よりもマーシャルの研究が参考にされることが多い。なお、産業集積の英語表記は“agglomeration”が一般的であるが、ポーターは“cluster”（クラスター）という言葉を好んで使用している。

積の利益」を挙げている。

立地要因としての輸送費用には、「原材料供給地からの調達のための輸送費用」と「市場への製品の出荷のための輸送費用」がある。原材料の輸送費用と製品の輸送費用をトータルで最小化できる場所が最適であるため、もし製品の輸送費用が原材料の輸送費用に比べて高ければ、生産拠点は市場の近くに立地するほうが有利となる。逆に、原材料の輸送費用が製品の輸送費用よりも高ければ、生産拠点は原材料供給地の近くに立地するほうが有利である。

立地要因として労働費用を考慮することも重要である。なぜなら、低賃金労働力が獲得できる地域（低賃金労働地）に立地すれば労働費用の節約が可能となり、生産費用が小さくなるからである。低賃金労働力の獲得を目指した立地行動は「労働指向立地」と呼ばれる。ただし、低賃金労働地が輸送費用などの面において不利な場所であり、労働費用の節約以上に余分な費用がかかる場合は労働指向立地は行われない。

もう一つ重要な立地要因として「集積の利益」がある。集積の利益とは、ウェーバーによれば一か所で集中的に生産規模を拡大すると生産費用が低減することとなっているが、それには生産拠点の規模が拡大する場合と複数の生産拠点が集積する場合がある。ウェーバーは後者を「社会的集積」と呼んで、とくに重視している。

産業集積地では、交通・通信・電力・水道などのインフラストラクチャー（社会的生産基盤）

が充実しているほか、部品・部材・設備などの関連の企業群（いわゆる裾野産業）も集積しているため、産業集積地に立地すると生産費用の低減に役立つというメリットがある。

ウェーバーは産業集積に関して、集積の利益を求めて必然的に形成した「純粋集積」だけでなく、輸送費用や労働費用などを考慮して偶然的に形成した「偶然集積」があると論じている。また、過度な集積により生じる生産費用の上昇（地価の上昇など）を「集積の不利益」として論じている。

ウェーバーの産業立地論は、このように労働指向立地や産業集積など重要な論点を提示しているわけだが、原材料の調達や製品の出荷といった「サプライチェーン」を踏まえながら生産拠点の立地を論じている点がとくにユニークであると言える。

（2）フーヴァーの産業立地論と市場地域モデル

ドイツで生まれた産業立地論をいち早くアメリカに持ち込んだフーヴァー（Edgar M. Hoover, 1907～1992）は、ウェーバーの産業立地論を継承しながらも、産業立地に関する独自の考察を行

（13）ウェーバーの産業立地論については、Weber［1909］（邦訳書、六九～一一九ページ）を参照した。

っている。その一つが「市場地域モデル」である。[14]

フーヴァーは市場地域モデルを使って、産業立地に対する保護貿易措置の影響を論じている。市場地域とは製品の販売エリアのことであるが、市場地域モデルは、複数の場所にある生産拠点が、どの程度の大きさの販売エリアをそれぞれもつことができるかを説明している。生産拠点から遠く離れた場所を販売エリアに入れることは製品の輸送費用が高くなるために不利となるのだが、保護貿易措置として高い関税が課されると、国境のところで製品の輸送費用が政策的・人為的に大幅に引き上げられるため、海外の地域にまで製品を輸送・販売することが難しくなる。

以上のような市場地域モデルから、生産費用の面で不利な生産拠点でも製品の輸送上の利点によって独自の販売エリアを確保できる場合があることや、各国間での保護貿易措置の存在は生産拠点を分散立地させる効果をもっていることが確認できる。

図4－2はフーヴァーの市場地域モデルを示したものであり、横軸は距離（地理的な広がり）を、縦軸は費用の大きさを表している。X地点に国境があり、A、B、Cの各地点で同じ種類の製品を生産していると仮定し、消費者（市場）は横軸の線上に分布していると仮定する。

各生産地点（A、B、C）の生産費用（平均費用）の大きさは、各地点の上に立てた直線の長さで示される。右の国のC地点がもっとも生産費用が低く、左の国のA地点が次に、そしてB地点が三番目に生産費用が低いことが分かる。

図４－２　フーヴァーの市場地域モデル

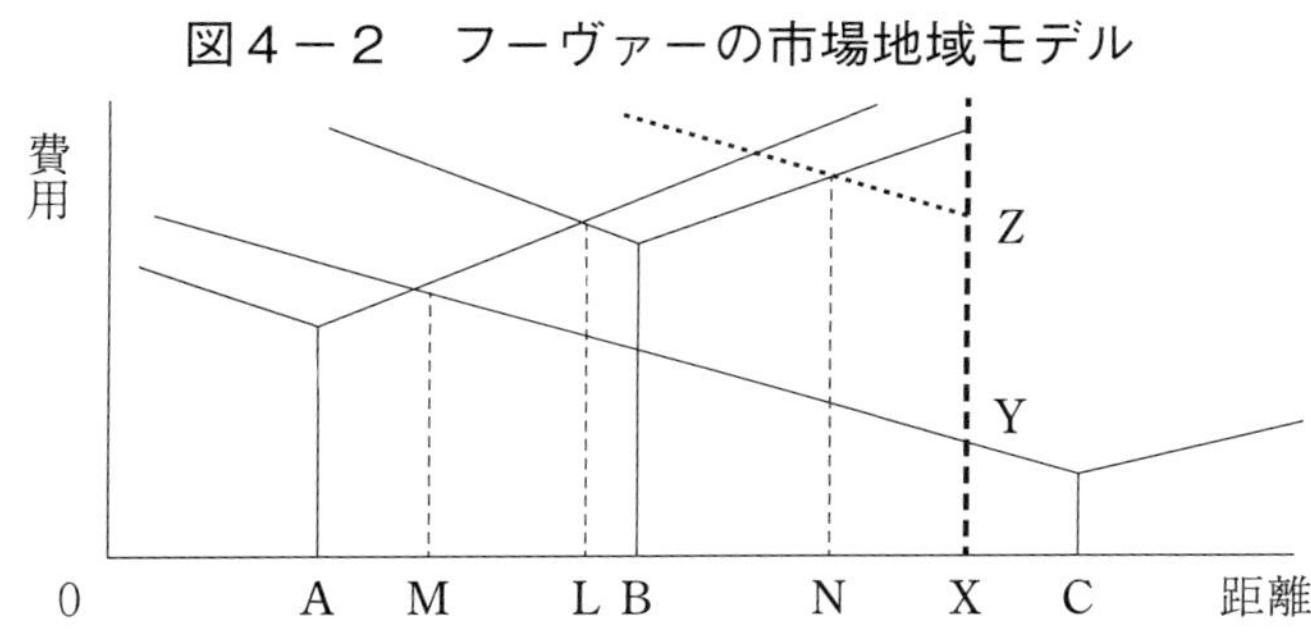

出所：Hoover［1948］（邦訳書218ページ）より引用（一部修正）。

各地点の上に立てた直線から斜めに延びる線は、生産費用に製品の輸送費用を加えた総費用の大きさを表しており、これらの総費用線の検討を通じて各地点の市場地域（販売エリア）が明らかになる。

Ａ地点とＢ地点だけで考えると、Ｌ地点より左側ではＡ地点のほうがＢ地点に比べて総費用線が低くなっており、逆にＬ地点より右側ではＢ地点のほうがＡ地点に比べて総費用線が低くなっている。つまり、Ｌ地点がＡ地点とＢ地点の市場地域の境界になっているということだ。

次に、海外のＣ地点が追加された場合を考えてみよう。もし、関税などの保護貿易措置がなければ、Ｃ地点が左の国のＭ地点まで製品を供給するためＢ地点の生産は不可能になり、Ａ地点の市場地域も縮小する。なぜなら、Ｃ地点

(14)　フーヴァーの産業立地論（市場地域モデル）については、Hoover［1948］pp.222～223（邦訳書二一八～二一九ページ）を参照した。

の総費用線はB地点の総費用線よりも低く設定されているからである。ただし、関税などの保護貿易措置があればB地点での生産が可能になったり、A地点の市場地域の縮小が回避できる場合も考えられる。たとえば、ZYの大きさの関税が付加されれば、国境のところでC地点の総費用線が上方にシフトし、N地点までしか製品が供給できなくなるということである。

(3) ヴァーノンの産業立地論と製品のライフサイクル

第3章で述べたように、ヴァーノンはアメリカ多国籍企業の国際的な立地行動について考察しているわけだが（Vernon［1966］）、この研究は、多国籍企業論や国際貿易論の分野で「プロダクトサイクル論」として非常に有名なものである。だが、ヴァーノンが、前述のフーヴァーと共同でニューヨーク大都市圏の工業立地を研究していたことは意外と知られていない。

ヴァーノンの産業立地論は、ニューヨーク大都市圏の中心地域に立地している製造業が、どの程度、周辺地域へと移転していくのかを考察したものである。どのような立地要因をとくに重視するのかによって、ヴァーノンは製造活動を「労働指向型」や「外部経済型」などに分類しながら検討を行っている。(15)

産業集積地である中心地域は、周辺地域に比べて労働費用や土地費用が割高であるものの、関連の企業群が集積していることによる「外部経済上の利益」（集積の利益）が見込まれる。そのため、労働費用を重視する「労働指向型」の製造活動は周辺地域へと移転するものの、外部経済上の利益を重視する「外部経済型」の製造活動は中心地域に立地し続ける傾向がある。外部経済型の製造活動のなかでも、とくに関連の企業群との対面接触が不可欠な「コミュニケーション指向型」の製造活動は中心地域に立地することになる。

ヴァーノンによれば、製品のライフサイクルにおける「新製品段階」では規格化（標準化）されていないため関連の企業群との対面接触が重要であるとしている。そして、こうした製品の製造活動は外部経済型（とくにコミュニケーション指向型）になりやすいため、産業集積地である中心地域に立地することになる。一方、製品のライフサイクル後の段階では、製品が規格化され、製造活動の性質が労働指向型へと変化するので、低賃金労働力を求めて中心地域から周辺地域へと移転することになる。

なお、ヴァーノンの産業立地論で述べられているように、産業集積地における関連の企業群と

(15)　ヴァーノンの産業立地論については、Hoover and Vernon［1959］pp.3〜21、pp.53〜67（邦訳書二〜二二ページ、五五〜七一ページ）および Vernon［1960］pp.3〜6、p.68（邦訳書五〜六ページ、七三ページ）を参照した。

の対面接触は新製品開発にも寄与することになる。そのため、集積の利益には、ウェーバーが論じるような生産費用の低減だけでなく、イノベーションの促進も含まれると言える。

（4）スミスの産業立地論と地域開発政策

スミス（David Marshall Smith, 1936～）の産業立地論もウェーバーの産業立地論を継承・発展したものであるが、スミスは空間費用曲線と空間収入曲線を使って、産業立地論の観点から「政府の地域開発政策」について論じている(16)。

首都地域などの産業集積地に比べて衰退地域（問題地域）に産業が立地しないのは、企業にとって十分な利潤が見込まれないからである。だが、政府がインフラストラクチャーを整備したり、補助金を出すなどといった政策的な支援があれば、衰退地域に立地した場合の費用を低下させたり、あるいは収入を増加させることも可能となり、ある程度は企業の立地行動を産業集積地から衰退地域へと誘導することができる。

ただし、こうした地域開発政策を効果的に行うためには、誘導すべき業種や誘導すべき地点を的確に選定することが必要となる。費用面や収入面での不利が非常に大きく、政策的な支援によっても利潤の見込めない産業は選定すべきではない。また、衰退地域全体を一度に開発すること

図４－３　スミスの空間費用曲線と空間収入曲線

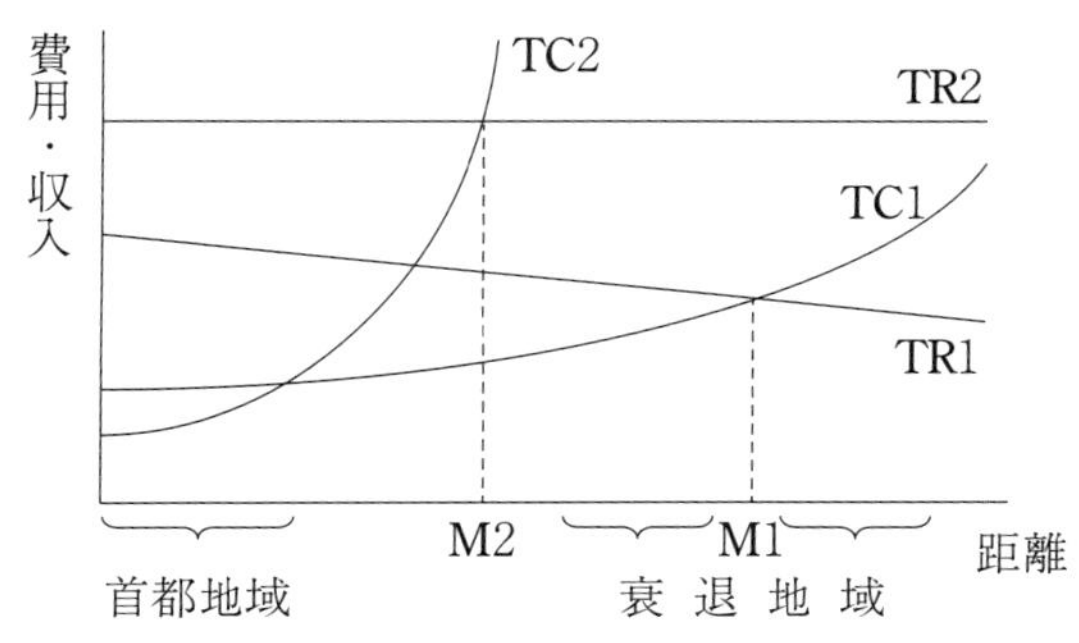

出所：Smith［1971］（邦訳書（下）485ページ）より引用（一部修正）。

は不可能であり、特定の場所を優先的に開発する必要もあるわけだが、利潤可能性を十分に考慮に入れたうえで最適地を決定しなければならない。

図４－３を見ていただきたい。スミスの空間費用曲線と空間収入曲線であるが、これは特定の産業が各地域に立地した場合の費用と収入の大きさを図示したものである。こうした空間費用曲線と空間収入曲線から、収入が費用を上回る（利潤がプラスとなる）地理的範囲を明確にすることができる。

図の左側に首都地域があり、右側に二つの衰退地域（問題地域）があると仮定している。また、二種類の産業（「産業１」と「産業２」）があり、TC1、TR1が「産業１」の費用と収入を、TC2、TR2が「産業２」の費用と収入をそ

(16)　スミスの産業立地論については、Smith［1971］（邦訳書（上）一九八～二〇三ページ、邦訳書（下）四八四～四八六ページ）を参照した。

 **COLUMN　産業立地論の研究者たち**

農業立地について先駆的に研究したチューネン（Johann Heinrich von Thünen,1783～1850）、工業立地について先駆的に研究したウェーバー、商業・サービス業立地について先駆的に研究したクリスタラー（Walter Christaller, 1893～1969）は、すべてドイツの研究者であり、産業立地論はドイツで生まれた学問であると言える。

チューネンの農業立地の研究（Thünen[1826]）は、地代と輸送費用との関係を説明する「付け値曲線モデル」について考察しており、クリスタラーの商業・サービス業立地の研究（Christaller[1933]）は、経済中心地の分布状況である「都市システム」について考察している。ともに、興味深い内容となっている。

その後、産業立地論の研究の中心は主としてアメリカへと移っていくが、先駆的な研究者としては、フーヴァー（前掲あり）やグリーンハット（Mervin L. Greenhut,1921～）などが挙げられる。グリーンハットは買い手との密接な接触が製品の需要を増加させる影響に注目し、買い手の気まぐれや迅速な配送の必要性などを原因とした立地の収入増大要因（「市場への接触の利益」）について論じている（Greenhut[1956]）。

なお、産業立地論は、昔から地理学の分野では重要性が認知されていたものの、かつて経済学や経営学の分野では特殊な学問として軽視されていた。だが近年は、2008年にノーベル経済学賞を受賞したクルーグマン（Paul Robin Krugman,1953～）や経営学の分野で著名なポーターなどが産業立地研究を行うことで、経済学や経営学の分野でもその重要性が認知されるようになっている。

このクルーグマンの産業立地論研究（Krugman[1991]）は、規模の経済性を考慮に入れた経済モデルを駆使して、産業集積の形成プロセスを理論的に明らかにしたものである。

れぞれ表していると仮定している。「産業1」の場合は、M1よりも左側の地域で、また「産業2」の場合はM2よりも左側の地域で利潤がプラスになることが分かる。

政府の地域開発政策において誘導すべき業種は「産業1」であり、費用面や収入面での不利が非常に大きい「産業2」は選定すべきではない、となる。また、誘導すべき地点はM1よりも左側の地域であり、M1よりも右側の衰退地域は適当ではないということが読み取れる。

3 ポーターの産業立地研究

(1) 事業活動の地理的配置についての研究

ポーターは競争戦略論を独自に構築したことで経営学の分野で著名であるが、ポーターの産業立地研究については十分に知られていない。第3章で取り上げたポーターの多国籍企業論（多国籍企業の競争戦略論・Porter, ed.［1986］）は、まさしく企業がその事業活動をどのように地理的に配置するのかといった「産業立地研究」である。

ポーターの「バリューチェーン（価値連鎖）」という考え方について、再度整理してみよう。

図４－４　ポーターのバリューチェーン

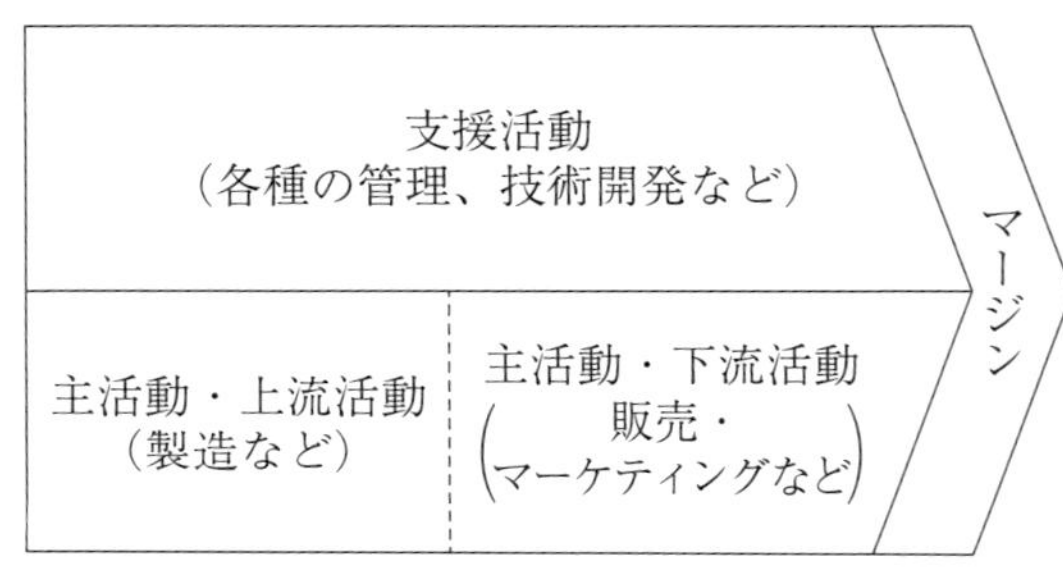

出所：Porter, ed.［1986］（邦訳書29ページ）より引用（一部修正）。

図4－4に示されるように、これは、製造活動や販売・マーケティング活動、研究開発活動、管理活動など、企業の事業活動間のリンケージ（結び付き）を把握するための考え方である。

製造業を念頭に置くと、製造活動や販売・マーケティング活動は基本的な事業活動である「主活動」に、研究開発活動や管理活動はこれらの主活動をサポートする「支援活動」に分類される。主活動は、さらに製造活動などの「上流活動」と販売・マーケティング活動などの「下流活動」に分類される。これらの事業活動がうまく連携することで「バリュー」が生み出されることになる。

ポーターは、以上のようなバリューチェーンを構成する各事業活動を地理的にどのように「配置」するかについて論じている。また、地理的に配置した事業活動間の役割分担や相互交流といった「調整」についても論じている。

なお、ポーターは、供給業者や顧客企業など関連企業の事業活動との結び付きもバリューを生み出すために不可欠であるため、こうした関連企業の事業活動とのリンケージを「バリューシステム（価値システム）」と呼んでいる。事業活動の地理的配置は、自社内の事業活動だけでなく、関連企業の事業活動も視野に入れて把握することが重要となる。

（２）国や地域の競争優位についての研究

ポーターの産業立地研究には、産業集積に関する考察を含んだ、国や地域の競争優位についての研究もある[17]。「国の競争優位」とは、国際競争力のある産業が発展するような国の状況であり、ポーターは「要素条件」、「需要条件」、「企業の戦略、構造およびライバル間競争」、「関連・支援産業」といった四つの要因にまとめている。

またポーターは、国の競争的発展には、「要素による推進」、「投資による推進」、「イノベーションによる推進」、「富による推進」といった四段階があるとも述べている（**表4-1**を参照）。

（17）ポーターの国の競争優位の研究は、Porter［1990］pp.69~73, pp.543~560（邦訳書（上）一〇三~一〇九ページ、邦訳書（下）一九七~二二〇ページ）を参照した。また、ポーターのクラスター論（地域の競争優位の研究）については、Porter［1998］pp.77~78, pp.81~83（邦訳論文二九ページ、三三~三五ページ）を参照した。

要素による推進の段階は、天然資源や豊富で安価な半熟連労働力といった基礎的な生産要素から競争優位性を引き出す段階であり、投資による推進の段階は、国の競争優位が積極的に投資しようとする国や企業の意欲と能力に基づく段階である。そして、イノベーションによる推進の段階は、国の競争優位の要因のすべてが機能し、その相互作用も最高潮に達している段階となる。

国の競争優位をグレードアップさせる動態的な過程が持続されるならば、国の競争的発展はこうした三つの段階を通過することになる。だが、国における経済の推進力がすでに達成され、富に依存するような段階（富による推進の段階）に入ると、その国の企業は国際的な産業で競争力を失いはじめることになる。

アジアの世界都市シンガポール。都市国家シンガポールには様々な関連・支援産業が集積しており、それが持続的な競争優位につながっている

表4－1　国の競争的発展の段階

国の競争優位を生み出す四つの要因	国の競争的発展の段階 →			
	要素による推進	投資による推進	イノベーションによる推進	富による推進
要素条件	・基礎的な要素が優位性の重要な源泉	・基礎的要素が優位性を保持している ・もっと進んだ要素が創造される	・高度で専門的な要素が創造される ・選択的競争劣位が競争優位を促進する	・過去の累積的投資が優位性として存続
需要条件		・需要の規模や成長性が優位性となる	・需要の高度化が優位性となる ・需要が多国籍企業を通じて国際化する	・需要の優位性が小さくなる
企業の戦略、構造およびライバル間競争		・個人や企業のモティベーションが高い ・ライバル間競争が激しい	・企業はグローバル戦略を開発する	・モティベーションが低下する ・ライバル間競争が低下する
関連・支援産業			・関連・支援産業がよく発達している	・関連・支援産業の集積が薄くなる

出所：Porter［1990］（邦訳書（下）203、206、210、217ページ）の各図を参考にして筆者作成。

なお、イノベーションの推進の段階における特徴の一つは、関連・支援産業がよく発達していることとなるが、こうした関連・支援産業は地理的に集積していることが多い。そのためポーターは、国の競争優位よりも地域の競争優位に焦点を合わせながら、産業集積（クラスター）の役割を論じた「クラスター論」も提起している（Porter［1998］）。

クラスター論によれば、クラスターが競争に与える影響は、その地域に本拠を置く企業の生産性を向上させるとともにイノベーションの方向とペースに作用し、将来的な生産性の伸びを支えることになる。また、新規事業の形成を促進し、それがクラスター自体の強さを増大させることになる。

COLUMN　ポーターの産業立地研究の展開

ポーターの産業立地研究（企業の事業活動の地理的配置についての研究、国や地域の競争優位についての研究）は、現代の産業立地論として高く評価できるものである。だが、立地要因や地理的特徴に関する検討が不足している面があるほか、企業の事業活動の地理的配置についての研究と、国や地域の競争優位についての研究が相互に結び付いていないと考えられる。

本書では、企業の立地行動と経済社会の立地環境という観点から、ポーターの二つの産業立地研究を総合的に把握するとともに、伝統的な産業立地論の知見なども複合しながらポーターの研究をさらに展開することを目指している。

4 企業の立地行動とサプライチェーン

(1) 事業拠点間におけるサプライチェーン

どのような事業活動を、どのような場所に配置するのかといった企業の立地行動の論理を考えるうえで、バリュー（価値）を生み出す事業活動間のリンケージ（結び付き）を把握することが重要となる。事業活動間のリンケージについて、ポーターは企業内における「バリューチェーン」と関連企業との間の「バリューシステム」に分けて論じているが、関連企業も含めて「バリューチェーン」を広義に捉えることもできる。

事業活動間のリンケージ（広義のバリューチェーン）は、自社や関連企業の事業拠点間におけるヒト・モノ・カネ・情報といった「経営資源の地理的循環」[18]を通じて形成されると考えられるわけだが、とくにモノ（原材料や製品）の地理的循環である「サプライチェーン」を軸に把握し

(18) 矢田俊文の地域構造論では、産業活動の地理的配置が各種の事業拠点の立地とそれを基礎として展開される経営資源（ないし経済要素）の地理的循環という二つの側面をもっていることを論じている（矢田編［一九九〇］一一三〜一二六ページ）。

図４－５　事業拠点間におけるサプライチェーンの視点

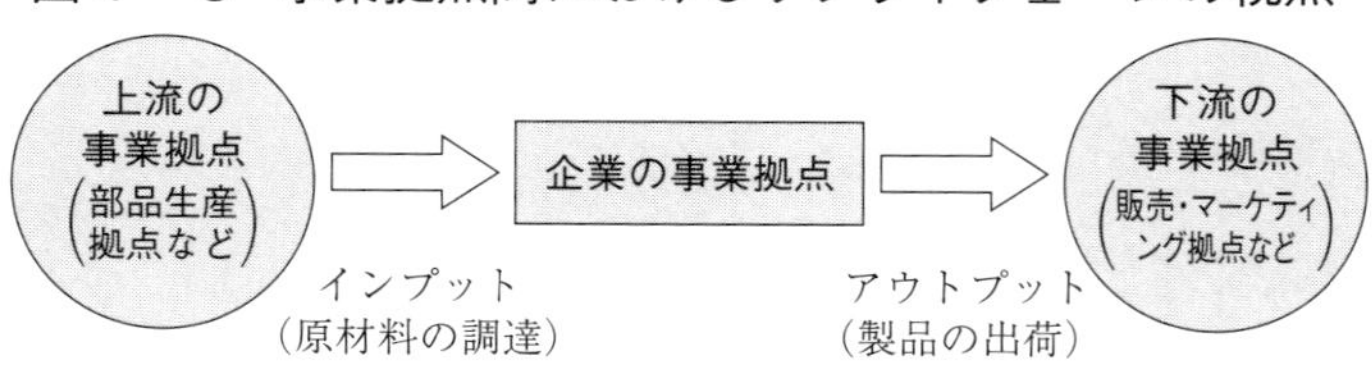

出所：筆者作成。

やすい。

サプライチェーンのうち、原材料の調達においては部品企業など供給業者の事業拠点や自社の部品生産拠点などとのリンケージが認識できる。また、製品の出荷においては、流通業者など顧客企業の事業拠点や自社の販売・マーケティング拠点などとのリンケージが認識できる。

以上のような事業拠点間におけるサプライチェーンの視点は、**図４－５**のようにまとめることができる。この図は、ウェーバーの産業立地論の**図４－１**（八一ページ）における「市場」を「バリューチェーンの下流にある自社ないしは顧客企業の事業拠点」（販売・マーケティング拠点など）に、「原材料供給地」を「バリューチェーンの上流にある自社ないしは供給業者の事業拠点」（部品生産拠点など）に置き換えたものである。

これらの事業拠点間では、モノ（原材料や製品）の地理的循環だけでなく、他の経営資源（ヒト、カネ、情報）の地理的循環も行われていると考えられる。

（2）事業拠点間の役割分担

事業拠点間におけるサプライチェーンから、その役割分担も見えてくる。事業拠点間の役割分担の主な類型としては、産業集積地（企業の本拠地）にある自社の部品生産拠点から重要な部品を調達して、低賃金労働地（周辺地域）に配置した生産拠点で組み立て、各市場にある販売・マーケティング拠点へと製品を出荷するパターンが挙げられる（類型①）。

この場合、産業集積地では、集積の利益が重要な事業活動（重要な部品生産や研究開発など）を行う一方で、低賃金労働地では、労働費用が重要な事業活動（単純な組立生産など）を行うといった役割分担（工程間分業）がなされている。また、産業集積地では新製品の生産を、低賃金労働地では旧来製品の生産を行うといった役割分担（製品間分業）もあり得る。

事業拠点間の役割分担のもう一つの主な類型としては、主要な市場ごとに生産拠点や販売・マーケティング拠点をそれぞれ配置し、主として現地販売を行うパターンが挙げられる（類型②）。この場合、各事業拠点の役割は、それぞれの担当の市場を確保・開拓することになる。また、市場が求めるニーズに合った製品を供給するために、生産拠点や販売・マーケティング拠点だけでなく、研究開発拠点も有力な市場に合わせて配置されることもあり得る。なお、部品生産拠点も市場に合わせて配置すると、現地調達・現地販売といった「地産地消」型となる。

ただし、実際の事業拠点間の役割分担については、以上のような「類型①」と「類型②」が複合している場合や、時代とともに事業拠点間の役割分担がダイナミックに変化していくことも考えられる。

(3) 国際的な事業拠点間の役割分担

国際的な事業拠点間の役割分担についても同じように考えることができるが、こうした観点から多国籍企業論を捉え直してみると以下のように整理できる。

ヴァーノンやヘライナーの多国籍企業論は、主としてアメリカ企業の先進国から発展途上国への立地行動について論じているわけだが、両者の議論はともに産業集積地（企業の本拠地）と低賃金労働地（周辺地域）における事業拠点間の役割分担（類型①）を反映している。一方、ハイマーの多国籍企業論はアメリカ企業とヨーロッパ企業の先進国間における相互の立地行動について論じており、基本的には、主要市場における事業拠点間の役割分担（類型②）を反映した議論となっている。また、ポーターの多国籍企業論も、主要市場に合わせた事業活動の分散的な配置（および調整）をどのように行うのかが議論のポイントとなっており、類型②を反映していると言えるだろう。

なお、発展途上国（新興国）の市場が重要になってきている今日では、多国籍企業の発展途上国への立地行動において、主要市場における事業拠点間の役割分担といった側面を無視することができない。日本のアジア諸国への立地行動についても、産業集積地（企業の本拠地）と低賃金労働地（周辺地域）における事業拠点間の役割分担だけでなく、主要市場における事業拠点間の役割分担を踏まえて考察する必要がある。

（4）国際的なサプライチェーンと産業集積間ネットワーク

すでに述べたように、国際的なサプライチェーンは、主として企業の海外生産拠点を中心にしながら事業拠点間におけるサプライチェーンを把握することになる。たとえば、日本企業の海外生産拠点の場合、原材料の調達では「現地調達」なのか、「日本からの輸入」なのか、「第三国からの輸入」なのかを、製品の出荷では「現地販売」なのか、「日本への輸出」なのか、「第三国への輸出」なのかを把握することになる。

なお、国際的なサプライチェーンは、厳密に言えば現地調達や現地販売といった「ローカルなサプライチェーン」と、国境を越えた調達や販売といった「グローバルなサプライチェーン」から成り立っていることを踏まえる必要がある。

COLUMN　ヒトの地理的循環について

企業の立地行動を考えるうえで、モノの地理的循環であるサプライチェーンの視点だけでなく、ヒトの地理的循環（あるいはヒトに付随した情報の地理的循環）の視点も重要となる。なぜなら、インターネットが発達しても、機密情報や言語化できないような暗黙知を交換・共有するには対面接触型のコミュニケーションが欠かせないからである。

パナソニックの場合、東南アジアにおける統括現地法人をシンガポールに、中国における統括現地法人を北京に設置しているが、設置当初は大阪に設置したアジア事業部や中国事業部の事業部長が地域統括現地法人の社長を兼務し、日本に在住しながら両国へ頻繁に出張することで現地とのコミュニケーションを行っていた。しかし、東南アジアや中国における現地法人数の増大にともなって現地での対応がより重要となったため、それぞれの社長は、シンガポールや北京に在住しながら現地と日本とを行き来する形となっている。

インドネシアにある日系企業の事務所内に建っている礼拝所（イスラム教徒の労働者への配慮のため）

現地調達・現地販売といったローカルなサプライチェーンは、企業の本拠地や進出先地域における産業集積形成と密接にかかわっている。また、こうした企業の本拠地や進出先地域の産業集積間において、国境を越えた調達・販売といったグローバルなサプライチェーンが形成されるという傾向がある。

企業の本拠地や進出先地域における産業集積は、経営資源の地理的循環の「結節点」として相互にネットワーク化することになる。つまり、事業拠点間における国際的なサプライチェーンは「産業集積間ネットワーク」として認識されるわけである。したがって、多国籍企業と世界都市システムの研究も、国際的なサプライチェーンと産業集積間ネットワークの観点から捉え直すことができる。

こう考えると、日本企業のアジア諸国への立地行動も、進出先地域を低賃金労働地（周辺地域）としてだけでなく、新たな産業集積地として認識することも重要となる。

5　企業の立地行動の背景となる立地環境について

経済社会（国や地域）の立地環境のもとで企業の立地行動がなされ、その積み重ねが産業立地の状況をつくり出している。さらには、産業立地の状況が、逆に経済社会の立地環境に影響を与えることになる。

こうした観点から、ポーターの産業立地研究を捉え直してみると、企業の事業活動の地理的配置についての研究は「企業の立地行動そのもの」を論じており、一方、国や地域の競争優位についての研究は「企業の立地行動の背景となる立地環境」を論じていると言える。

企業の立地行動の論理を読み解くためには、企業の立地行動の背景となる立地環境を適切に把握することが重要である。以下では、企業の立地環境の背景となる立地環境について、ポーターの研究を中心にしてさらに検討してみる。

(1) 国や地域の競争優位と立地環境

国の競争優位および地域の競争優位に関する要因として、ポーターは「要素条件」、「需要条件」、「企業の戦略、構造およびライバル間競争」、「関連・支援産業」を指摘しているが、これらは主として経済社会的な立地環境について論じたものと考えられる。たとえば、労働力やインフラストラクチャーの状況など生産要素に関する「要素条件」は生産面での経済社会的な立地環境のことであり、市場の規模・成長性や性質などの「需要条件」は市場面での経済社会的な立地環境のこととなる。

これらの立地環境は、国内の地域間においても違いが認識されるが、発展途上国と先進国など各国間における違いのほうが顕著である。また、発展途上国型の「要素による推進の段階」から先進国型の「イノベーションによる推進の段階」への移行にともなって、その立地環境はダイナミックに変化していくことになる。

ただし、「イノベーションの推進の段階」においてとくに重要な要因となる「関連・支援産業」は、地理的に集積する傾向があるため国レベルよりも地域レベルの立地環境として認識されやすい。

（２）立地環境上の優位性となる産業集積

ポーターが述べているように、関連・支援産業の集積は立地環境上の優位性となる。関連・支援産業は、代表的なものとしては部品・部材・設備関連の「裾野産業」が挙げられるが、運輸・通信などさまざまな関連・支援産業が考えられる。

関連・支援産業の集積は、企業の立地行動の積み重ねによって生み出されるものであるが、ヴァーノンの産業立地論で論じられているように、大都市圏の中心地域において産業集積が形成される傾向がある。したがって、大都市圏の中心地域は、周辺地域あるいは地方圏に比べて産業集積による立地環境上の優位性を手に入れやすい。

ただし、産業集積はウェーバーの言う「偶然集積」の場合も考えられ、その場合は、産業集積形成が立地環境上の優位性には結び付かない。東京大都市圏や大阪大都市圏など日本の大都市圏には多種多様な産業が集積しているわけだが、相互に関連性のない「偶然集積」の面も大きいと言える。こうした「偶然集積」を、異業種交流などを通じて集積の利益が発生する「純粋集積」へと転換することも重要となる(19)。

(3) 政策・制度的な立地環境

政府（各国政府や地方自治体）の政策的な対応も、国や地域の立地環境に影響を及ぼすことになる。政策的措置や法制度などは、「政策・制度的な立地環境」として認識できる。ポーターも、国や地域の競争優位に関する要因に影響を与えるものとして政府の政策について言及しているわけだが、詳しくは論じていない。

スミスの産業立地論で考察されているように、政府の地域開発政策を通じた「立地環境整備」によって、ある程度は企業の立地行動を誘導することができる。また、フーヴァーの産業立地論

（市場地域モデル）が理論的に説明しているように、政府の保護貿易措置は国境のところで「政策的・人為的な輸送費用」を生じさせ、産業立地の状況を大きく左右することになる。このように、政府の政策的な対応はとくに国際的なレベルで影響力が強いと言える。

なお、前述したような立地環境上の優位性となる産業集積を形成促進することも、政府の地域開発政策における重要な課題となる。

（4）立地環境における位置的な側面

ポーターの研究では扱われていないが、立地場所が沿海部なのか内陸部なのか、都心部なのか、郊外なのかといった「位置的な側面」も立地環境を考えるうえにおいて見逃すことができない。たとえば、沿海部は、内陸部に比べて海外との輸出入に便利である。そのため、海外との輸出入が重要な事業活動は沿海部に配置される傾向があると考えられる。その一方で、内陸部の市場の

（19）ミネソタ大学のマークセン（Ann Markusen）も産業集積のタイプについて研究しており、中小企業が多数集積する「マーシャル型集積」、特定の大企業を中心とした集積である「ハブ・アンド・スポーク型集積」、大企業の分工場群が集積する「サテライト型集積」などに分類している（Markusen［1996］参照）。サテライト型集積は、集積の利益が十分に発生しないため立地環境上の優位性につながらない。

COLUMN　アジア新興国における沿海部の開発

アジア新興国は、多国籍企業を誘致しながら自国の産業発展を促進してきたが、中国の上海大都市圏や広州大都市圏、タイのバンコク大都市圏、インドネシアのジャカルタ大都市圏のように、多国籍企業にとって輸出入がしやすい沿海部を重点的に開発する傾向が見られる。

こうした沿海部の大都市圏には、輸出振興のための「輸出加工区」が設置されることも多い。輸出加工区に立地した企業は原材料や設備の輸入に関する関税が免除されるなどの優遇を受けることができるため、多国籍企業の沿海部の大都市圏への集中的な立地が加速することになる。

このように、アジア新興国における沿海部の開発からも、立地環境の「位置的な側面」の重要性が分かる。

中国・上海の浦東新区の開発。1990年代以降、輸出加工区や国際金融センターとして浦東新区の開発が急速に行われてきた。この写真は1995年における開発初期の姿である

確保・開拓のための事業活動は、沿海部ではなく内陸部に配置される傾向があると考えられる。

ショッピングセンターなどの小売・サービス活動の配置に関しては、人通りが多い都心部を選ぶのか、都心部よりも地価が安い郊外を選ぶのか、といったことも重要なポイントとなる。イオンのショッピングセンター（イオンモール）のように、従来は郊外型のショッピングセンターが多かったわけだが、近年は都心部の再開発などを背景にして、都心型のショッピングセンターの設置も目立ってきていることはご存じの通りである。

第Ⅲ部

国際産業立地の実態分析

経済成長が進む、タイ・バンコクの都心部。モノレールも走っている

国際産業立地の状況とその変化は、繰り返し述べているように、企業の国際的な立地行動とその背景にあるグローバルな立地環境によって決まってくる。企業の国際的な立地行動は、ミクロ的な企業の国際経営に関連させながら国際産業立地を把握するものであり、その一方、グローバルな立地環境はマクロ的な国際経済に関連させながら国際産業立地を把握するものである。言い換えれば、国際産業立地論はミクロおよびマクロの複眼的視点を特徴とするということだ。

こうした複眼的視点から捉え直してみると、経済学や経営学の分野における経済のグローバル化に関するさまざまな研究も相互に密接に関連していることが見えてくる。

国際産業立地の特徴と動向を把握し、十分に理解するためには理論的な検討が不可欠であるが、国際産業立地論のさらなる展開のためには、国際産業立地にかかわる理論を検討するだけでなく、国際産業立地の実態を掘り下げて分析することも重要となる。なぜなら、既存の理論はその当時の状況に合わせて構築されたものであり、状況は時代とともにダイナミックに変化するため、理論も新たな視点を入れながら修正・再構築をしていく必要があるからだ。

第Ⅲ部では、以上のような問題意識をもって、国際産業立地の実態分析を行うことにする。最初に、国際産業立地の実態分析のためのフレームワークを提示する（第5章）。次に、日本企業のアジア立地行動のダイナミズムについて考察する（第6章）。そして最後に、アジアにおける経済のグローバル化と日本の産業発展について考察する（第7章）。

第５章　国際産業立地論の分析フレームワーク

これまで本書においては、近年における国際産業立地の特徴と動向とともに、国際産業立地論のキーワードを説明してきた。また、多国籍企業論や産業立地論の研究を整理・検討しながら、国際産業立地に関する理論的な考察を行ってきた。以下では、これまでの議論を踏まえながら、国際産業立地論の分析フレームワークについて提示する。また、国際産業立地の実態を把握する際の検討ポイントを明確にするため、いくつかの予備的な分析も行う。

予備的な実態分析としては、主として、「日本企業の事業活動の国際的な配置についての特徴や動向をどのように把握するのか」、「個々の企業のより具体的な立地行動をどのように把握するのか」、「企業の国際的なサプライチェーンの実態をどのように把握するのか」を念頭に置いて行っていく。

1　事業活動の国際的な配置の分析について

（1）事業活動の地理的配置の視点

企業の立地行動やそれを通じた産業立地の状況を分析するためには、「事業活動の地理的配置」の特徴や動向を分析することが基本的に必要となる。事業活動の地理的配置の視点は、**図5－1**のように表すことができる。

図において、B1、B2、B3、……、Bmは事業活動の種類を示しており、L1、L2、L3、……、Lnは立地場所を示している。また、T1、T2、T3、……、Tiは時期（時間の流れ）を示している。

事業活動の地理的配置の特徴や動向を分析するためには、各種の事業活動がどの場所に配置されるのか、それがどのように変化していくのかを把握することになる。その際、事業活動の種類や立地場所、時期について適切に区分することが重要となる。

個々の企業の立地行動を分析する場合は、その企業の事業活動の地理的配置を把握することになる。一方、企業の立地行動を通じた産業立地の状況を分析する場合は、よりマクロ的に複数の企業の事業活動の地理的配置を把握する必要がある。

図５－１　事業活動の地理的配置の視点

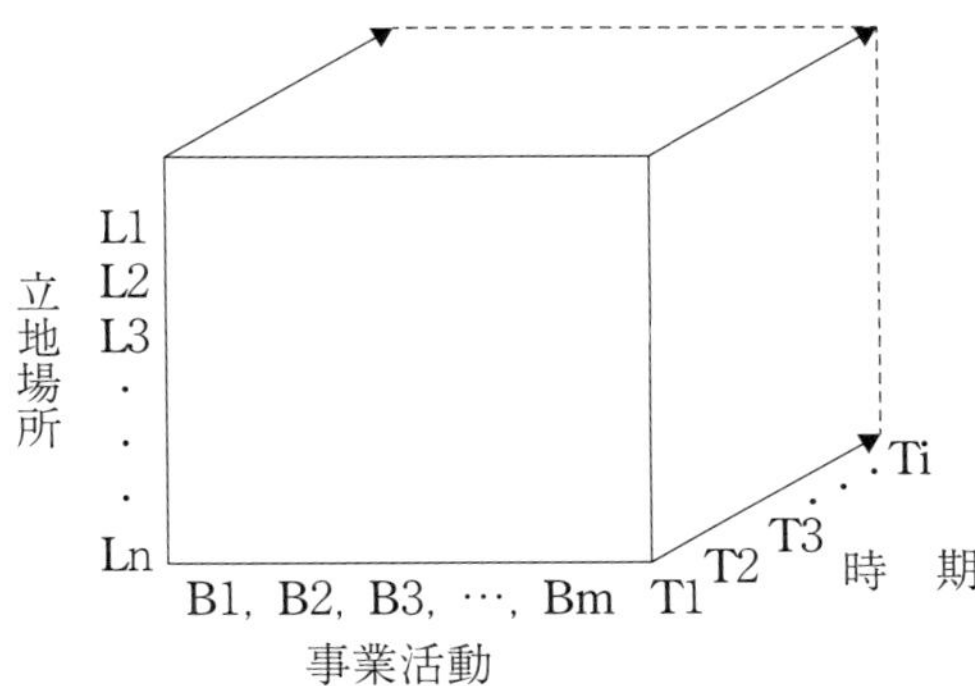

出所：筆者作成。

（2）事業活動の国際的な配置の捉え方

事業活動の地理的配置を示す**図５－１**において、立地場所として海外地域を設定すれば「事業活動の国際的な配置」ということになる。

すでに述べたように、海外での事業活動は海外現地法人を設立して行われる場合が多い。そのため、事業活動の国際的な配置の分析では、海外現地法人を製造現地法人や販売現地法人などに分類しながら、それらの地理的配置を把握することになる。

以下では、経済産業省（以前は通商産業省）の調査データ「海外事業活動基本調査」（「海外事業活動動向調査」を含む）を使って、日本企業の海外現地法人の状況を見ていくことにする。

海外現地法人の分類

二〇一五年度において、日本企業の海外現地法人は二万五二三三社ある。そのうち製造現地法人が一万一〇八〇社あり、現地法人全体の四三・九パーセントを占めている。製造現地法人数を産業別に分けてみると、自動車産業など輸送機械産業が二三五一社と一番多く、電気機械産業（情報通信機械を含む）が一七六三社と二番目に多い。

日本企業の海外現地法人のうち、製造現地法人の次に多いのは販売現地法人（業種的には卸売業）であり、七一二五社（現地法人全体の二八・二パーセント）となっている。その他の現地法人の主な業種には、サービス業（二三九九社）、運輸業（一三九五社）、情報通信業（八四四社）、小売業（六九二社）などがある。

ここで注意しておく必要のある点は、販売現地法人には、製造企業が設立したものだけでなく、卸売企業（商社）などが設立したものも含まれるということである。一方、卸売企業（商社）が設立した製造現地法人もある。

海外現地法人の親会社の業種についての調査データを見てみると、二〇一五年度において、製造現地法人一万一〇八〇社のうち、親会社が製造業（製造企業）であるのが九六八五社、卸売業（卸売企業）であるのが一一〇三社となっている。また、販売現地法人七一二五社のうち、親会社が製造業（製造企業）であるのが四一四〇社、卸売業（卸売企業）であるのが二八一二社とな

表５−１　日本企業の海外現地法人（製造現地法人）の地理的配置の動向

	1985年度	1995年度	2005年度	2015年度
アジア	1,262（ 56.3%）	2,979（ 56.8%）	5,449（ 67.7%）	8,528（ 77.0%）
アジアNIES	697（ 31.1%）	1,042（ 19.9%）	1,279（ 15.9%）	1,150（ 10.4%）
ASEAN4	511（ 22.8%）	1,114（ 21.2%）	1,761（ 21.9%）	2,578（ 23.3%）
中国	21（ 0.9%）	746（ 14.2%）	2,156（ 26.8%）	3,930（ 35.5%）
その他アジア	33（ 1.5%）	77（ 1.5%）	253（ 3.1%）	870（ 7.9%）
欧米	617（ 27.5%）	1,886（ 36.0%）	2,183（ 27.1%）	2,024（ 18.3%）
その他地域	363（ 16.2%）	378（ 7.2%）	416（ 5.2%）	528（ 4.8%）
〈世界合計〉	2,242（100.0%）	5,243（100.0%）	8,048（100.0%）	11,080（100.0%）

出所：経済産業省（通商産業省）「海外事業活動基本調査」（「海外事業活動動向調査」）より筆者作成。

っている。さらには、サービス業の現地法人二三九九社のうち、親会社が製造業（製造企業）である場合が一〇五四社、卸売業（卸売企業）である場合が二九一社となっている。

日本企業の海外進出は、小売企業やサービス企業などさまざまな業種の企業で行われるようになってきているわけだが、製造企業や卸売企業（商社）による海外進出が依然として大きな割合を占めていることが分かる。

海外現地法人（製造現地法人）の地理的配置

日本企業の海外現地法人（製造現地法人）の地理的配置の動向を見てみると（**表5-1**を参照）、一九八五年度の二二四二社から、一九九五年度の五二四三社、二〇〇五年度の八〇四八社、二〇一五年度の一万一〇八〇社へと急激に増大してきた。

一九八五年度から一九九五年度にかけては、アジア向けだけでなく欧米向けの現地法人数の増加も顕著であったが、一九九五年度以降は、アジア向けの現地法人数の増加が突出しており、二〇一五年度にはアジア向けの現地法人数の割合が世界全体の七七・〇パーセントに達している。

一九八五年度においては、中国に立地した製造現地法人数は僅か二一社（世界全体の〇・九パーセント）であった。この時期のアジア向け現地法人の立地場所は、主としてアジアNIES（韓国、台湾、香港、シンガポール）とASEAN4（タイ、マレーシア、インドネシア、フィリピン）に限定されていたと言える。

一九九五年度においても、中国の現地法人数は世界全体の一四・二パーセントに留まっていたわけだが、その後、日本企業の中国進出が本格的に開始されたことで、二〇〇五年度や二〇一五年度では、中国の現地法人数がアジアNIESやASEAN4の現地法人数を大幅に上回るほど大きくなっている。

一方、アジアNIESの現地法人数は、一九八五年度には世界全体の三一・一パーセントを占めていたが、二〇一五年度には一〇・四パーセントへとその割合を大きく低下させている。ASEAN4の現地法人数は、中国ほどではないものの顕著に増加してきており、一九八五年度の二二・八パーセントから二〇一五年度の二三・三パーセントへと比較的高い割合を維持している。その他アジアの割合を見ると、二〇〇五年度は一・五パーセントであったが、二〇一五年度には七・九パーセントと比較的高くなっている。

なお、ASEAN4のなかでは、とくにタイ（一二五一社）やインドネシア（六三三社）の現地法人数が多い。その他のアジアで現地法人数が多いのは、ベトナム（五二三社）およびインド（二五四社）となっている（二〇一五年度データより）。

アジアにおける販売現地法人の増加

二〇一五年度の日本企業のアジア向け現地法人（全産業）に占める製造現地法人の割合は五〇・七パーセントであり、販売現地法人（卸売業）の割合（二六・四パーセント）よりも大幅に高いというのが特徴となっている。一方、欧米向けの現地法人については、逆に製造現地法人の割合（三二・六パーセント）よりも販売現地法人の割合（三四・三パーセント）のほうが高くなっている。

だが、二〇〇五年度のデータを見ると、アジア向け現地法人における製造現地法人の割合は五九・四パーセントとさらに高く、一方、販売現地法人の割合は一九・八パーセントと低かった。言い換えれば、二〇〇五年度から二〇一五年度にかけて製造現地法人の割合を八・七パーセント低下させ、販売現地法人の割合を六・六パーセント上昇させていることになる。このことから、近年、日本企業のアジア向け現地法人においては、製造現地法人以上に販売現地法人での増加が顕著であることが分かる。

販売・マーケティング活動を行う販売現地法人の増加は、アジア諸国の市場開拓が重要になってきたことを反映していると推測される。

国内の地域レベルでの配置

以上のように、事業活動の国際的な配置を大まかに分析する場合は、主として国を単位にして立地場所を区分しても問題はない。だが、アジア新興国の大都市圏における産業集積形成のような地理的・空間的な特徴を詳しく分析する場合には、立地場所を国内の地域レベルまで区分する必要がある。つまり、国内の地域レベルでの配置もあわせて分析することが望ましいということである。

たとえば、二〇一五年度の中国における日本企業の現地法人（全産業）を地域別に見てみると、上海市が二三七二社、江蘇省が一一一七社、広東省が九七三社、遼寧省が四七一社、浙江省が三一五社、山東省が三一一社、北京市が三〇九社、天津市が二九三社となっており、これら沿海部の八つの大都市だけで中国全体（六六七〇社）の九二・四パーセントを占めていることが分かる。

COLUMN　分析単位の地理的範囲について

立地場所をどのように区分するのかは、分析単位の地理的範囲をどのように考えるかということでもある。たとえば、国レベルなのか、地域ブロックレベル（関東や関西など）なのか、都道府県レベルなのか、市町村レベルなのか、といった地理的範囲である。地理的範囲が異なれば、とくに注目すべき立地場所の特性（立地環境）も違ってくる。

ポーターの国や地域の競争優位についての研究は立地環境に関する研究であるが、当初ポーターは、国を単位として国際競争力ある産業が発展するための要因を検討していた。だが、その後、産業集積（クラスター）の重要性に注目したことで、国よりも地域を単位として検討するようになっていったのである。

ベトナム・ハノイ市の家電小売業の様子（特定のエリアに集積している）

2 個々の企業の国際的な立地行動の分析

（1） 海外事業拠点の詳細な分析

個々の企業の国際的な立地行動を分析する際も、その海外現地法人の事業活動内容、所在地、設立年などを見ることにより、企業の事業活動の国際的な配置の特徴や動向を把握することができる。ただし、実際には、一つの海外現地法人が複数の事業拠点を有することもある。たとえば、製造現地法人が第二工場、第三工場と複数の生産拠点を追加的に設置していく場合や、製造現地法人に研究開発拠点（開発センターなど）を設置する場合などがある。また、小売活動やサービス活動を行うための複数店舗を一つの現地法人が管理・運営している場合などもある。そのため、海外事業拠点の状況を大まかに分析する場合は海外現地法人レベルでの把握でよいが、より詳細な分析のためには海外現地法人の設置した事業拠点レベルまで把握することが重要となる。

以上の点を踏まえながら、いくつかの企業の国際的な立地行動について具体的に見ていくことにする。

（2）ダイキン工業における東南アジア・タイへの立地行動

ダイキン工業は、タイ・バンコク大都市圏の郊外のチョンブリに、東南アジアでのエアコン事業の中核拠点となる製造現地法人（ダイキン・インダストリーズ・タイ）を設置している。この現地法人は一九九一年に生産を開始しているが、当初は、主として日本市場向けの輸出拠点として家庭用のルームエアコンを製造していた。(1)

その後、ダイキン工業は、ダイキン・インダストリーズ・タイに業務用エアコンを製造するための第二工場（一九九七年に生産開始）を設置するとともに、タイ国内の部品メーカーから部品を調達するための現地法人（ダイキン・トレーディング・タイ）を一九九七年に設立した。また、二〇〇一年にはエアコンの基軸部品であるコンプレッサーを製造するための現地法人（ダイキン・コンプレッサー・インダストリーズ）を設立し、タイでの生産体制を本格化した。

東南アジア諸国における所得水準の上昇とエアコン市場の拡大に対応して、二〇〇五年にダイキン・インダストリーズ・タイに開発センターを設置し、東南アジア向けの冷房専用機の開発を

（1）　ダイキン工業の東南アジア・タイへの立地行動については、ダイキン工業のタイ現地法人（ダイキン・インダストリーズ・タイ）へのインタビュー調査（二〇一三年九月二〇日に実施）に基づいて論じている。

開始している。また、ルームエアコンの現地市場拡大に対応して、二〇一〇年には第三工場の生産も開始した。

なお、ダイキン工業は、東南アジア諸国の市場開拓のための販売現地法人をタイに加えて、シンガポール（二〇〇二年設立）、マレーシア（二〇〇二年設立）、ベトナム（二〇〇九年設立）、インドネシア（二〇一二年設立）にも設置している。ダイキン工業の販売現地法人は、現地の流通業者（特にエアコン専売店）と連携しながらエアコンの市場開拓を進めている(2)。

（3）吉野家における中国への立地行動

吉野家ホールディングスは、二〇〇二年に上海市に、二〇〇四年に深圳市に、二〇〇八年に福建省に、二〇一四年に青島市および武漢市に海外現地法人を設立し、現地の牛丼店を管理・運営している。二〇一七年一二月時点で、上海市に九店舗、深圳市に三七店舗、福建省に一五店舗、青島市に一六店舗、武漢市に一七店舗を配置している。

だが、中国における吉野家の牛丼店は中国現地法人が設立される以前から存在しており、地域的にも、吉野家の中国現地法人が立地していない北京市に二一九店舗（北京市周辺地域も含む）と一番多く立地している。それ以外にも、遼寧省に八一店舗と二番目に多く立地している。実は、こうした中国東北部における吉野家の牛丼店は、一九九一年に吉野家とフランチャイズ契約を結んだ香港企業が管理・運営している。(3)

つまり、中国における吉野家の牛丼店の立地展開は、吉野家が主導しているものと香港企業が主導しているものがあるということだ。現在のところは香港企業が主導している店舗数のほうが圧倒的に多いものの(4)、近年、吉野家が主導しているエリア（とくに深圳市や武漢市）での店舗数が増加しつつある。

なお、北京市での吉野家の店舗配置のように、特定地域への集中的な店舗配置は「ドミナント方式」とも呼ばれている。「ドミナント方式」(5)は、知名度のアップや来店頻度の増加、物流効率の向上などに効果があると考えられている。

---

(2)　ダイキン工業は、東南アジアでのエアコン市場のさらなる拡大に対応して、二〇一八年にベトナムにも製造現地法人を設置している。

(3)　吉野家の中国への立地行動については、鈴木・李［二〇一八］に基づいている。

(4)　自らは海外現地法人を設立しないで、フランチャイズ契約を結んだ相手国の現地企業が店舗の管理・運営を行うといった海外進出形態は「ストレート・フランチャイジング」と呼ばれている。香港企業が主導している吉野家の中国における牛丼店の立地展開は、広い意味でのストレート・フランチャイジングによるものと言える。ストレート・フランチャイジングなど国際フランチャイジングについては、川端［二〇一〇］が理論的・実証的に研究している。

いる。[6]

（4）資生堂における中国への立地行動

資生堂は、中国の市場を開拓するために、現地の消費者向けの化粧品を中国で生産・販売している。

一九九一年、資生堂は北京市に、本格的な高級化粧品を生産・販売するための現地法人（資生堂麗源化粧品有限公司）を設立した。この現地法人（製造現地法人だが販売・マーケティング活動も行う）では、高価格帯の化粧品ブランド「オプレ」を製造し、現地の高級百貨店を通じて販売している。

また、一九九八年には上海市に、より手頃な価格の化粧品を生産・販売するための現地法人（上海卓多姿中信化粧品有限公司）を設立した。さらに二〇〇一年には、北京市に研究開発活動（消費者調査を含む）を行うための開発現地法人も設立している。

二〇〇三年、上海市に統括会社の「資生堂（中国）投資有限公司」を設立し、二〇〇四年から内陸部地域を中心とした個人経営の化粧品店と契約を結び、化粧品専門店事業を開始した。なお、化粧品専門店向けの中価格帯ブランド「ウララ」は、上述した上海の現地法人で製造している。「オプレ」のWEBサイト（中国語）における店舗情報によると、二〇一六年において、「オプレ」販売店舗（百貨店カウンター）は中国全体で一一二九店舗あり、そのうち六〇九店舗（全体の五

COLUMN　マルチブランド戦略

資生堂など化粧品メーカーは、さまざまなタイプの消費者に対して複数のブランドの商品を提供することで市場開拓を進める「マルチブランド戦略」を採用することが多い。資生堂の中国における市場開拓では、高価格帯の化粧品ブランド「オプレ」や中価格帯の化粧品ブランド「ウララ」などを提供することで、富裕層や中間所得層など所得水準の異なった消費者に幅広くアプローチしてきた（資生堂の中国におけるマルチブランド戦略については、矢作［2013］が詳しい。ただし、各ブランドの販売店舗の配置など、マルチブランド戦略の地理的・空間的な側面の研究は従来行われていなかった）。

マルチブランド戦略では、複数のブランドの商品間でカニバリゼーション（共食い）が生じないように、ブランドごとに百貨店や化粧品専門店など販売ルートを変える工夫も見られる。ただし近年は、日本製の輸入化粧品に対する人気が高くなる一方で、中国で生産した化粧品の販売が伸び悩んでおり、自社の輸入化粧品ブランドとのカニバリゼーションを回避することも重要となる。

資生堂の上海にある百貨店内の「オプレ（AUPRES）」カウンター。隣には、輸入化粧品ブランド「資生堂」のカウンターもある

三・九パーセント）は沿海部地域に、五二〇店舗（四六・一パーセント）は内陸部地域に立地している。

同じく「ウララ」のWEBサイトによると、販売店舗（化粧品専門店）は中国全体で三七五三店舗あり、そのうち一四五三店舗（三八・七パーセント）は沿海部地域に、二三〇〇店舗（六一・三パーセント）は内陸部地域に立地している。このことから「ウララ」は、「オプレ」以上に内陸部地域への販売店舗の配置が進められていることが分かる。(7)

3　企業の国際的なサプライチェーンの分析

(1)　海外生産拠点を中心としたサプライチェーンの視点

企業の国際的なサプライチェーンは、**図5-2**に示されるように、海外生産拠点を中心としたサプライチェーンの図式から捉えることができる。

日本企業の海外生産拠点の場合、原材料の調達では「現地調達」なのか、「日本からの輸入」なのか、「第三国からの輸入」なのかを、製品の出荷では「現地販売」なのか、「日本への輸出」

なのか、「第三国への輸出」なのかを把握することが重要となる。

前述のダイキン工業のタイのエアコン生産拠点のケースでは、当初、原材料の調達では「日本からの輸入」が、製品の出荷では「日本への輸出」が中心であったが、その後、「現地調達」や「現地販売」（および東南アジアでの「第三国への輸出」）の割合が高くなってきている。一方、資生堂の中国の市場開拓のための化粧品生産拠点のケースでは、一貫して「現地販売」向けと考えられる。

（2）個々の企業の国際的な立地行動とサプライチェーン

もちろん、原材料の調達や製品の出荷といったサプライチェーンは、個々の企業の立地行動に

（5）ドミナント方式が知名度のアップや来店頻度の増加、物流効率の向上などに効果があることは、こうした方式で店舗展開を進めているセブンイレブンジャパンの「出店の考え方」（http://www.sej.co.jp/company/aboutsej/branch.html）でも述べられている。

（6）資生堂の中国への立地行動については、鈴木・李［二〇一七］に基づいている。

（7）これらの店舗情報の閲覧日は二〇一六年一一月二六日。詳しいデータは、鈴木・李［二〇一七］一六四ページを参照のこと。

図５－２　海外生産拠点を中心としたサプライチェーンの図式

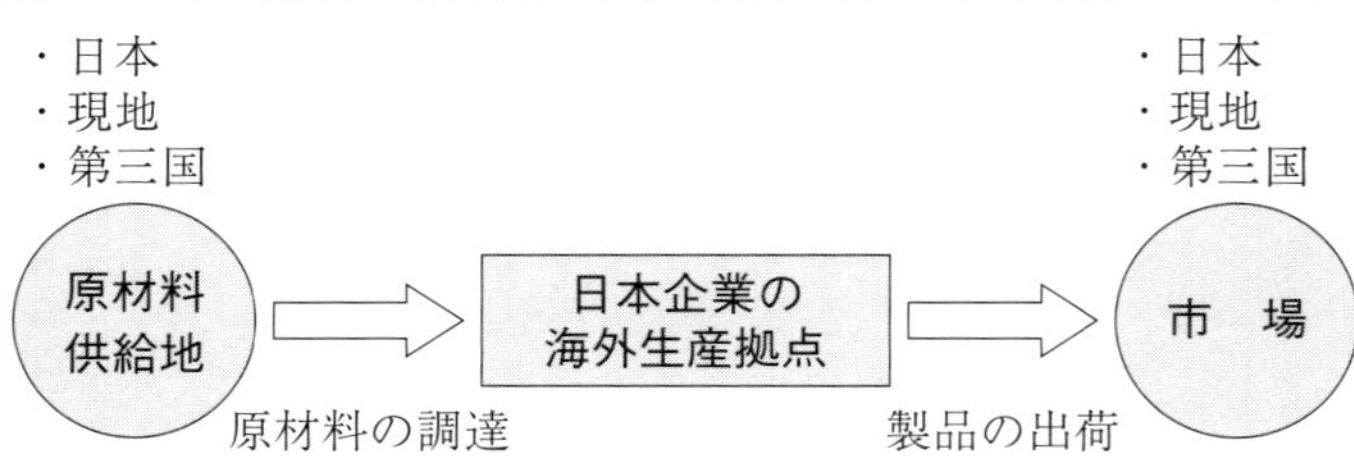

出所：筆者作成。

も大きく関係している。以下では、産業集積形成との関連で、個々の企業の立地行動とサプライチェーンの状況について見てみる。

企業の立地行動とサプライチェーンとの関連――ジャスト・イン・タイム物流

たとえば、トヨタ自動車および関連の部品企業は、その生産拠点が愛知県の本拠地に集中立地しており、自動車産業集積が形成されているわけだが、そのため産業集積内での部品の調達（部品企業から見れば出荷）が容易となっている。その結果、必要な量の部品をタイミングよく配送する「ジャスト・イン・タイム物流」が行われている。

だが、トヨタが九州（福岡）に新たに自動車組立工場を配置した際には、当初、関連の部品企業の生産拠点が近辺にほとんど存在しなかったために従来の形でのジャスト・イン・タイム物流ができなかった。そのため、トヨタは九州（福岡）の港のそばに倉庫（物流センター）を設置し、そこに関連の部品企業に部品を出荷してもらい、備蓄した部品を倉庫から自動車組立工場にジャスト・イン・タイムで配送するといった工夫（「物流センター方式」のジャスト・イン・タイム物流）を行った。

以上のように、自動車産業ではジャスト・イン・タイム物流の重要性が高いわけだが、このことは国際的な立地行動の場面にも当てはまる。

国際的な立地行動の場面でのジャスト・イン・タイム物流

東南アジア諸国への立地行動においてトヨタなど日系自動車メーカーは、とくにタイに大規模な自動車組立工場を多く配置している。タイ・バンコク大都市圏には、関連の部品企業も含めて自動車産業集積が比較的早くから形成されており、そのことが、部品の現地調達（ジャスト・イン・タイム物流）が容易となるタ

インドネシアの日系物流企業。インドネシア・ジャカルタ大都市圏において、「ミルクラン方式」で自動車部品のジャスト・イン・タイム物流を行う

イへの立地行動を促進している。

だが、近年、日系自動車メーカーのインドネシアへの立地行動も増えつつあり、インドネシアにおいて、物流センター方式のジャスト・イン・タイムでの物流サービスを提供する日系物流企業もある。すなわち、インドネシアに物流センターを設置して、タイの日系自動車部品企業から出荷された部品を備蓄することで、インドネシアの日系自動車組立工場にジャスト・イン・タイムで配送する物流サービスを提供しているのである。

また、インドネシア・ジャカルタ大都市圏にも自動車産業集積が徐々に形成されつつあるため、上記の日系物流企業では、ジャカルタ大都市圏の自動車部品工場をトラックで部品を集めて回りながら、日系自動車組立工場へジャスト・イン・タイムで届ける「ミルクラン方式」の物流サービスにも力を入れている。これは、ＧＰＳ搭載のトラックを使って分単位で自動車部品をピックアップし、きめ細かなデリバリーを二四時間体制で行うというものである。もちろん、トラックの運転手はフォークリフトの運転も行う必要があるため、その研修も行っている。(8)

(3) 日本企業のアジア生産拠点のサプライチェーン

日本企業のアジア生産拠点のサプライチェーン（とくに「日本からの輸入」および「日本への

輸出」）は、日本とアジア諸国との国際分業（貿易構造）に大きく影響する。このようなサプライチェーンの状況は、個々の企業レベルよりも、よりマクロ的なレベルで分析する必要がある。ただし、企業の業種や進出先国によってサプライチェーンの状況は異なると予想されるため、この点を考慮した分析も欠かせない。

日本企業のアジア生産拠点のサプライチェーンについての詳しい分析は第6章で行うが、ここでは、二〇〇一年度から二〇一一年度にかけての主な特徴を整理しておく。

日系アジア現地法人の調達先と出荷先

日系アジア現地法人（製造現地法人）の仕入高内訳データから、原材料の調達先についての特徴を把握することができる（**表5－2**参照）。また、売上高内訳データから製品の出荷先についての特徴を把握することができる（**表5－3**参照）。

これらの表から分かるように、二〇〇一年度から二〇一一年度にかけて、日系アジア現地法人の現地調達の割合や現地販売の割合が大幅に上昇しており、進出先でのローカルなサプライチェ

（8）インドネシアの日系物流企業についての論述は、現地でのインタビュー調査（二〇一四年九月二日）に基づいている。

表５－２　日系アジア製造現地法人の仕入高内訳

単位：億円

		2001年度	2011年度
現地調達	アジア全体	63,141（ 43.9%）	198,809（ 60.3%）
	中　　国	10,283（ 45.8%）	82,859（ 65.3%）
	ASEAN4	28,146（ 45.3%）	71,402（ 60.8%）
日本から輸入	アジア全体	51,991（ 36.1%）	88,804（ 26.9%）
	中　　国	8,553（ 38.1%）	32,257（ 25.4%）
	ASEAN4	21,564（ 34.7%）	30,480（ 26.0%）
第三国から輸入	アジア全体	28,715（ 20.0%）	42,214（ 12.8%）
	中　　国	3,620（ 16.1%）	11,762（ 9.3%）
	ASEAN4	12,464（ 20.0%）	15,520（ 13.2%）
仕入高合計	アジア全体	143,847（100.0%）	329,827（100.0%）
	中　　国	22,456（100.0%）	126,878（100.0%）
	ASEAN4	62,175（100.0%）	117,402（100.0%）

出所：表５－１と同じ。

表５－３　日系アジア製造現地法人の売上高内訳

単位：億円

		2001年度	2011年度
現地販売	アジア全体	97,166（ 47.9%）	294,039（ 60.9%）
	中　　国	17,160（ 53.1%）	129,129（ 67.7%）
	ASEAN4	35,395（ 40.6%）	95,409（ 56.6%）
日本への輸出	アジア全体	49,803（ 24.6%）	87,358（ 18.1%）
	中　　国	9,675（ 29.9%）	38,586（ 20.2%）
	ASEAN4	21,795（ 25.0%）	28,769（ 17.1%）
第三国への輸出	アジア全体	55,707（ 27.5%）	101,073（ 20.9%）
	中　　国	5,500（ 17.0%）	23,110（ 12.1%）
	ASEAN4	29,974（ 34.4%）	44,486（ 26.4%）
売上高合計	アジア全体	202,676（100.0%）	482,470（100.0%）
	中　　国	32,335（100.0%）	190,826（100.0%）
	ASEAN4	87,164（100.0%）	168,664（100.0%）

出所：表５－１と同じ。

ーンの重要性が大きくなっている。

ただし、日系アジア現地法人の日本からの輸入額や日本への輸出額そのものは増加しており、日本とアジア諸国間におけるグローバルなサプライチェーンの重要性が弱まったわけではない。また、日系アジア現地法人の第三国からの輸入額や第三国への輸出額についても増加している。

中国現地法人とASEAN4現地法人を比較してみると、現地販売の割合は、中国現地法人のほうがASEAN4現地法人よりも高い。一方、第三国への輸出の割合は、ASEAN4現地法人のほうが中国現地法人よりも高くなっている。とはいえ、現地調達や現地販売の割合が大幅に上昇しているという傾向は両者に共通している。

産業別での出荷先の特徴

日本企業の中国現地法人およびASEAN4現地法人について、繊維（衣類を含む）、電機機械、輸送機械といった産業別に売上高内訳を見てみる（**表5-4**を参照）。

繊維の中国現地法人においては、二〇〇一年度の現地販売の割合が僅か七・七パーセントであり、日本への輸出の割合が八九・七パーセントと突出している。この時期は、日本市場をターゲットとした繊維関連企業の中国進出が行われていた。いわゆる「日本への持ち帰り輸入」型の中国生産である。だが、二〇一一年度になると、現地販売の割合が五〇・四パーセントへと急上

表５－４　日系アジア現地法人の主な業種別売上高内訳（中国、ASEAN4）

2001年度→2011年度

	中　国		ASEAN4	
繊　維	現地販売	7.7%→50.4%	現地販売	28.9%→41.1%
	日本への輸出	89.7%→40.5%	日本への輸出	23.5%→23.8%
	第三国向け輸出	2.7%→ 9.1%	第三国への輸出	47.6%→35.1%
電気機械	現地販売	37.6%→36.3%	現地販売	17.8%→36.3%
	日本への輸出	33.8%→41.4%	日本への輸出	39.8%→37.0%
	第三国への輸出	28.7%→22.3%	第三国への輸出	42.4%→26.8%
輸送機械	現地販売	82.3%→86.4%	現地販売	54.4%→65.8%
	日本への輸出	14.2%→ 8.0%	日本への輸出	9.4%→ 6.6%
	第三国への輸出	3.5%→ 5.6%	第三国への輸出	36.2%→27.6%

出所：表５－１と同じ。

COLUMN　ASEAN4現地法人の現地調達や現地販売

ASEAN4現地法人の現地調達や現地販売の割合は、タイ、マレーシア、インドネシア、フィリピンの日系現地法人のデータにおける「平均値」である。この４か国のなかでは、タイに部品企業も含め日系現地法人が一番多く立地している。そのため、タイの日系現地法人の現地調達も急速に拡大している。

一方、ASEAN4における他の国の日系現地法人は、タイから部品を輸入する場合もあるが、これは「第三国からの輸入」にカウントされる。また、この部品をタイの日系現地法人が生産している場合は、タイの日系現地法人の「第三国への輸出」にもカウントされる。

ASEAN 域内での輸出入があるため、中国現地法人に比べてASEAN4現地法人のほうが「第三国からの輸入」や「第三国からの輸出」の割合が高くなりやすい傾向がある。

昇しており、繊維関連企業の中国への立地行動においても現地市場開拓の側面が強くなってきている。

また、輸送機械の中国現地法人においては、二〇〇一年度には現地販売の割合がすでに八二・三パーセントに達しており、早い時期から一貫して現地市場をターゲットにしていたことが分かる。さらに、二〇一一年度は八六・四パーセントと、現地販売の割合が上昇している。

なお、電気機械の中国現地法人においては、二〇〇一年度から二〇一一年度にかけて現地販売の割合がやや低下し、日本への輸出の割合が上昇している。輸出拠点の役割が依然として大きいとも言えるが、現地の市場開拓が他業種に比べて遅れているとも考えられる。

ASEAN4現地法人においては、第三国への輸出割合が比較的高いが、とくに繊維や電気機械では、二〇〇一年度には第三国への輸出の割合が現地販売の割合を上回っていた。だが、二〇一一年度には第三国への輸出の割合が大幅に低下し、現地販売の割合のほうが高くなってきている。

一方、輸送機械のASEAN4現地法人においては、もともと現地販売の割合が第三国への輸出の割合よりも高いものの、この現地販売の割合は二〇〇一年度の五四・四パーセントから二〇一一年度の六五・八パーセントへと大幅に上昇している。この時期、ASEAN4現地法人においても、輸出拠点よりも現地の市場向け拠点としての役割が強まっていることが分かる。

4 グローバルな立地環境のもとでの企業の国際的な立地行動

(1) 企業の立地行動と経済社会の立地環境との関連

企業の国際的な立地行動や国際的なサプライチェーンを分析する際には、その背景にあるグローバルな立地環境についても十分に把握することが重要である。企業の立地行動と経済社会の立地環境との基本的な関連は、**図5－3**に示される「流れ」を見ると理解しやすいだろう。

その「流れ」とは、経済社会の立地環境のもとで個々の企業の立地行動がなされるのであり、それらの立地行動の積み重ねが産業立地の状況をつくり出すのである。さらには、産業立地の状況が、逆に経済社会の立地環境に影響を与えることになる。もちろん、地域開発政策など政府の政策も、経済社会の立地環境（政策・制度的な立地環境）に影響を与えている。

第2章で見たシリコンアイランド九州のケースでは、「きれいな水」といった自然的な立地環境、「若年労働力」といった経済社会的な立地環境、「九州各地域の自治体の熱心な企業誘致や税制上の優遇措置」といった政策・制度的な立地環境のもとで、ＩＣ（集積回路）を生産する電気機械メーカーの立地行動がなされた。そして、こうした立地行動の積み重ねの結果、ＩＣの組立

図５－３　企業の立地行動と経済社会の立地環境との関連

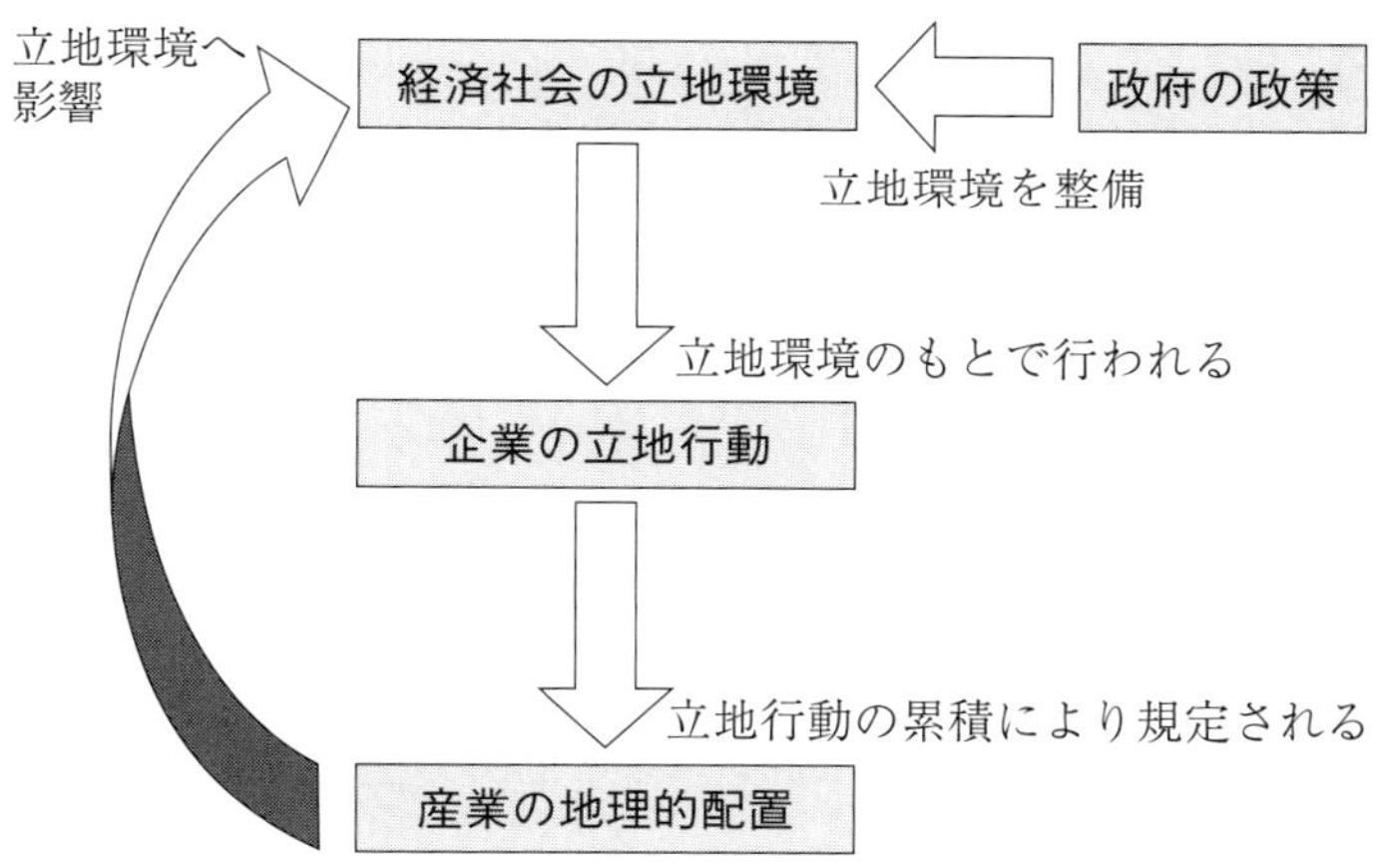

出所：筆者作成。

生産に関連した裾野産業（部品メーカー、装置メーカー、メンテナンス会社など）をも含んだＩＣ産業集積が九州に形成されてきた。

さらに、こうした産業立地の状況が立地環境に影響を与えるのであるが、とくに関連の裾野産業の集積形成がシリコンアイランド九州の立地環境上の魅力を高めることにもなった。そのため、その後ＩＣ生産において「きれいな水」や「若年労働力」がほとんど不要になっても、ＩＣ産業における生産拠点の九州への立地展開が持続的に行われたわけである。

(2) 企業の国際的な立地行動の特徴──日本企業のアジア立地行動を念頭に置いて

企業の国際的な立地行動とグローバルな立地環境との関連についても同様に考えることができる。だが、すでに述べたように、企業の国際的な立地行動は、国内レベルの立地環境とは異なったグローバルな立地環境（各国政府の政策的対応、各国間における市場の特徴の大幅な相違、各国間における開発状況の大幅な相違）のもとで行われるため、独特な特徴や動向が生じている。

以下では、グローバルな立地環境のもとでの企業の国際的な立地行動について、日本企業のアジア諸国への立地行動（アジア立地行動）を念頭に置いて、その特徴を再度整理してみる。

労働指向立地の側面

日本とアジア諸国間において開発状況の大幅な相違が存在しているため、日本企業のアジア立地行動（とくにアジア新興国への立地行動）では、低賃金労働力の獲得を目的とした「労働指向立地」といった側面がある。ただし、輸送費用や集積の利益の面でのデメリットが労働費用の節約よりも大きいならば、こうした労働指向立地は行われない。そのため、日本企業がアジア諸国に事業拠点を配置する際は、海外との輸出入（輸送）に便利で、インフラストラクチャーが比較的整備されている沿海部の大都市圏に集中立地する傾向が生じると考えられる。

市場開拓型の市場指向立地の側面

各国間では、経済状況だけでなく文化や生活様式などが違うため、市場が求めるニーズや流通状況など市場の特徴が大幅に異なる。各国間における市場の特徴の大幅な相違によって、海外市場を開拓するために市場に近接した立地を行うといった国際的な立地行動の側面、つまり市場開拓型の市場指向立地の側面が生じると考えられる。

アジア新興国の経済成長と消費拡大にともなって、日本企業のアジア新興国への立地行動においても、市場開拓のための市場指向立地の側面が重要になってきているということである。

市場確保型の市場指向立地の側面

各国政府の政策的な対応としては、国内産業の保護や育成のための保護貿易措置が企業の国際的な立地行動に大きな影響を与えている。アジア諸国における工業化の初期には、工業製品の輸入を国内生産に切り替える「輸入代替工業化」を行うために、アジア諸国政府による保護貿易措置も目立っていた。

その後、輸入代替だけでなく輸出拡大を促進するため、輸出加工区の設置など輸出振興策（「輸出主導工業化政策」とも呼ばれる）が行われるなど、時代とともにアジア諸国政府の政策的対応も大きく変わってきた。なお、政府の保護貿易措置は、海外市場を確保するために現地生産を行

COLUMN　東南アジア諸国における家電製品の市場開拓

日本の電気機械メーカーは、タイやインドネシアなど東南アジア諸国に進出し、現地の消費者ニーズに合わせた家電製品を現地生産することで市場開拓に成功している。

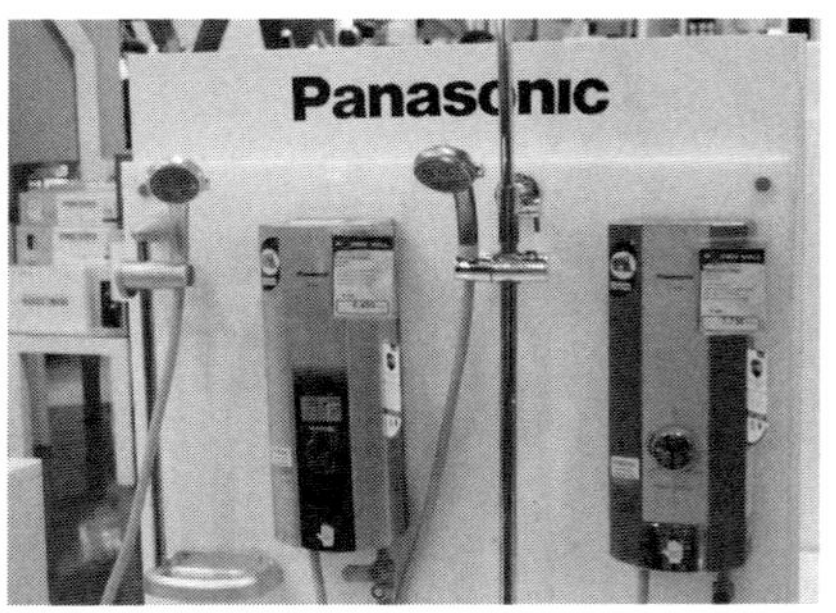

タイでヒットした「電気シャワー」。タイの消費者ニーズに対応した「電気シャワー」は、ガスの温水でのシャワーが一般的な日本人にとっては不思議な家電製品

たとえば、パナソニックはタイで「電気シャワー」がヒット商品となった。熱帯地方であるタイの人々は、日本とは異なって水のシャワーを浴びるという生活習慣がある。だが、やや肌寒い時期がタイにもあり、水のシャワーが好きなタイの人々も、その時だけは温水にしたいというニーズがある。そのためパナソニックは、必要な時にシャワーに設置して温水にする、簡易型の電気機器「電気シャワー」を現地市場向けに生産・販売している。

また、パナソニックは、インドネシアでは馬力を弱めた特殊なルームエアコンを生産・販売してヒットしている。電力不足に対するインドネシア政府の政策が理由なのだが、インドネシアの一般家庭では電力使用が極端に制限されており、ブレーカーが落ちてしまわないように低馬力のエアコンが必要とされているからだ。

（＊）パナソニックのタイとインドネシアでの市場開拓についての論述は、2013年９月21日および10月28日に実施した現地調査に基づいている。

うといった市場確保型の市場指向立地を引き起こしている。

日本企業のアジア立地行動（とくにアジア新興国への立地行動）においては、労働指向立地の側面が基本にあるが、こうした労働指向立地のアジア生産拠点は、輸出拠点の役割をもつ場合のほか、現地販売向けの拠点としての役割をもつ場合もある。とくに市場確保型ないし市場開拓型の市場指向立地の側面が大きい場合は、現地販売向けの拠点としての役割が強くなると考えられる。

（3）グローバルな立地環境への適応

企業の国際的な立地行動においては、企業本国の立地環境と進出先国の立地環境が大幅に異なるため、企業本国で行ってきた事業活動をそのまま海外に移転するのではなく、現地の立地環境に適応できるように事業活動内容などを変更する「現地適応化」が必要となる（**図5－4**を参照）。

アジア諸国の急激な経済成長や現地政府の政策的対応の変化などにより、日本企業のアジア立地行動の背景にある立地環境もダイナミックに変化している。そのため、こうした立地環境の変化にも継起的に対応していくことが重要となる。

図５－４　グローバルな立地環境への適応

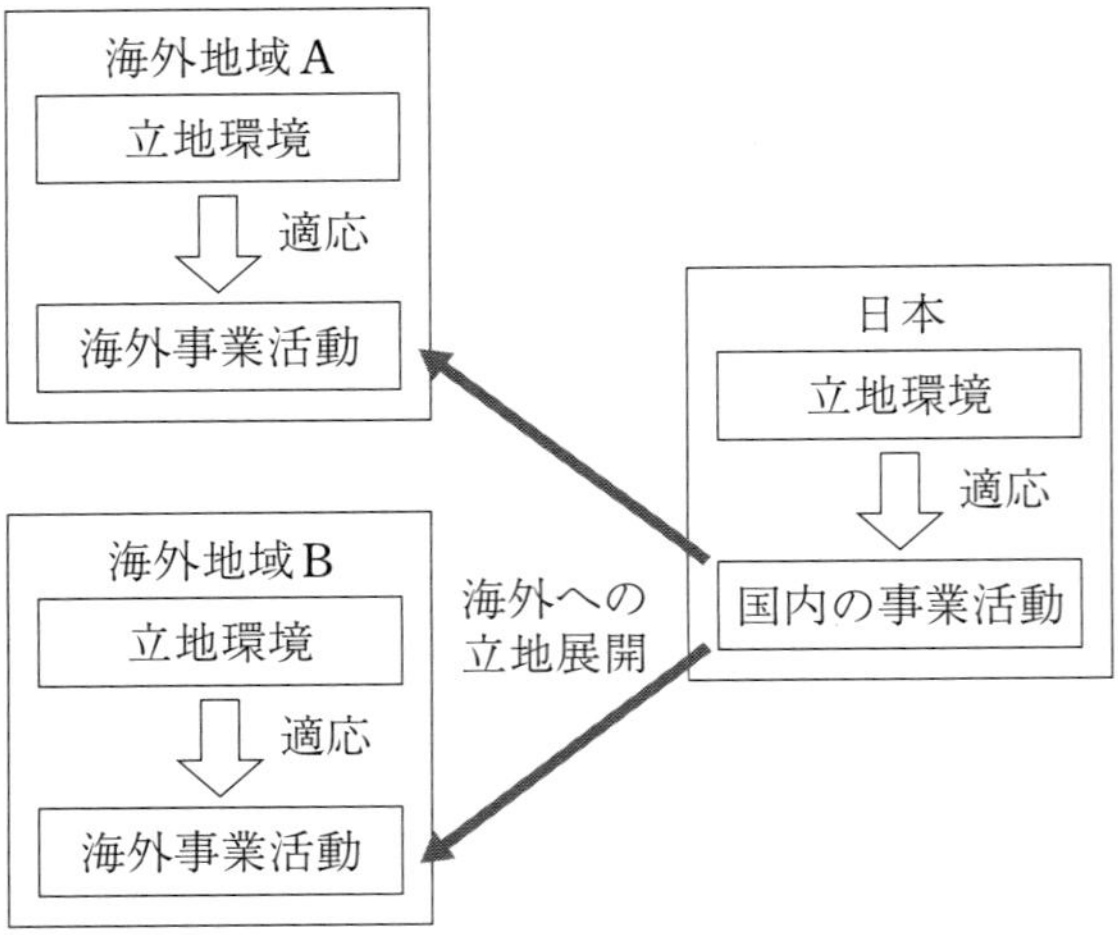

海外地域Ａ
立地環境
適応
海外事業活動

海外地域Ｂ
立地環境
適応
海外事業活動

海外への
立地展開

日本
立地環境
適応
国内の事業活動

出所：筆者作成。

たとえば、中国やASEAN4などアジア新興国では、その経済成長にともなって、消費拡大だけでなく賃金上昇も急激に進行している。したがって、日本企業のアジア新興国への立地行動においては、現地の市場開拓のための現地適応化とともに、賃金上昇への対応のための現地適応化を継起的に行うことが重要となってきている。

第6章 日本企業のアジア立地行動のダイナミズム

1 日本企業のアジア立地行動の分析について

(1) 企業の国際的な立地行動の分析

これまで説明してきたように、企業の国際的な立地行動の分析としては、基本的には企業がどのような事業活動を世界のどの場所に配置するのかを分析することとなるわけだが、事業活動間の役割分担を捉えるために、企業の事業拠点間におけるサプライチェーンについても分析することが重要となる。

本章では、日本企業の海外現地法人データを用いて、日本企業のアジア立地行動とサプライチェーンについての全体的な特徴を把握するとともに、日本企業のアジア立地行動についての事例研究（ケース・スタディ）を行うことで、上記のデータから得られた結果を裏付けつつ、より具体的な立地行動の特徴やその背景を分析することにする。

日本企業のアジア立地行動は、いくつかの大企業では、早くも一九六〇年代には開始されており、現在までの約六〇年間において、立地行動も時代とともにダイナミックに変化してきたと考えられる。日本企業のアジア立地行動のダイナミズムについての実態とその論理を解明することが、本章での分析の目的となる。

（2）日本企業のアジア立地行動に関する分析ポイント

日本企業のアジア立地行動を分析する際には、「進出時期」「立地場所」「事業活動の種類」の三つを把握しながら分析すべきポイントを定める必要がある。

第5章で述べたように、一九八五年度における日本企業のアジア製造現地法人の地理的特徴としては、アジアNIESおよびASEAN4が主要な立地場所であり、まだ中国への立地行動はほとんど行われていなかった。しかし、二〇〇〇年代以降は、アジアNIESへの立地行動の増加が減速し、その一方でASEAN4への立地行動に加えて、中国への立地行動の増加も顕著になってきた。

また、ASEAN4や中国などアジア新興国の経済成長と消費拡大を背景にして、製造現地法人の活動内容や役割も変化してきた。

本章では、日本企業が一九六〇年代から製造現地法人を配置させており、現在も主要な立地場所であるASEAN4を中心にして、アジア諸国に配置された日系製造現地法人の活動内容やサプライチェーンの状況が、進出時期の違いによってどのように変化してきたのかを重点的に分析することにしたい。

日本企業のアジア新興国への立地行動は、以前はもっぱら「低賃金労働力の獲得のための労働指向立地」という側面が強かったのかどうか、また近年におけるアジア新興国への立地行動においては、こうした労働

COLUMN　海外現地法人データについて

海外現地法人に関するデータとしては、経済産業省の「海外事業活動基本調査」や東洋経済新報社の『海外進出企業総覧』などがある。これらはアンケート調査データであるため、すべての企業の海外進出をカバーしているわけではないが、「海外事業活動基本調査」は海外現地法人の売上高や仕入高などの詳しい状況が把握できる点が有用である。また『海外進出企業総覧』は、具体的な企業名（親会社、海外現地法人）や企業の所在地などが把握できる点が有用である。本書では、主として経済産業省の海外現地法人データを用いて分析している。

なお、「海外直接投資」のデータを使って、企業の国際的な立地行動を把握することも可能である。ただし、海外直接投資データは、各国政府により公表されているため、カバー率が高く、入手しやすいといった利点があるものの、海外での事業活動内容などの詳細が把握できないといった欠点がある。

指向立地の側面よりも「現地の市場開拓のための市場指向立地」の側面が強くなっているのかどうかについて、とくに検討していきたい。

2 アジア立地行動の初期段階について

(1) 日本企業のアジア立地行動の初期段階

電気機械産業のパナソニック（当時は松下電器産業）や自動車産業のトヨタ自動車、繊維産業の東レなど、大手の日本企業のアジア立地行動は一九六〇年代にすでに開始されていた。

パナソニックの製造現地法人は一九六一年にタイに設置され、その後、台湾（一九六二年設立）、マレーシア（一九六五年設立）、フィリピン（一九六七年設立）、イ

ASEANのなかでもタイは、日本企業の進出の歴史が最も長く、現地法人数も多い

ンドネシア（一九七〇年設立）にも設置された。一方、トヨタ自動車の製造現地法人は一九六二年にタイに設置され、マレーシア（一九六八年操業）、インドネシア（一九七〇年操業）にも設置された。また、東レも、商社と連携しながら一九六〇年代から製造現地法人をタイや韓国、台湾などへと設置していった。

こうした一九六〇年代から一九七〇年代初めにかけての製造現地法人の配置は、日本企業のアジア立地行動の「初期段階」と呼ぶことができる。以下では、こうした初期段階における立地行動の特徴や背景について、国際的なサプライチェーンの状況を踏まえながら明らかにする。

なお、この時期の日本経済は高度経済成長期であり、日本国内において家電製品や自動車などの消費が急拡大したときである。当時、テレビ（白黒テレビ）・洗濯機・冷蔵庫は「三種の神器」と呼ばれ、その後、カラーテレビ・クーラー・自動車（カー）は「新・三種の神器」もしくは「3C」と呼ばれて一般家庭に幅広く普及していった時期であることを補足しておく。

（2）初期段階における国際的なサプライチェーンの状況

日本企業のアジア諸国に配置された製造現地法人の国際的なサプライチェーンについて、一九七二年度の「売上高内訳」および「仕入高内訳」といったデータからその特徴を整理してみよう。

アジア製造現地法人全体では、売上高に占める「現地販売」の割合が六二・四パーセントであるが、タイ、マレーシア、インドネシアの製造現地法人においては、「現地販売」の割合がそれぞれ九三・九パーセント、八七・三パーセント、九六・〇パーセントと非常に高くなっている。一方、アジアNIESの製造現地法人における「現地販売」の割合は比較的低い。たとえば、韓国の製造現地法人の場合、「現地販売」の割合が五二・四パーセント、「日本への輸出」の割合が一三・三パーセント、「第三国への輸出」の割合が三四・四パーセントとなっている。

以上のことから、アジアNIESに配置された製造現地法人は、現地販売だけでなく、日本や第三国へ輸出する役割をもっているものの、この当時は、ASEAN4に配置されたアジア製造現地法人はもっぱら現地販売を行うことが目的であったと言える。

図6－1は、タイの製造現地法人のサプライチェーンの状況について、繊維産業・電気機械産業・輸送機械産業ごとに詳しく示したものである。輸送機械産業での製造現地法人は、原材料の調達先としては「日本からの輸入」の割合が顕著に大きく、製品の販売先としては「現地販売」が一〇〇パーセントとなっている。

また、電気機械産業での製造現地法人についても「日本からの輸入」の割合が大きく、ほとんどすべてが「現地販売」であった。一方、繊維産業での製造現地法人は、「日本からの輸入」の割合が比較的低いものの、他の業種と同じく「現地販売」が中心となっていた。

図６－１　タイの製造現地法人のサプライチェーンの状況（1972年度）

（ａ）繊維産業

（ｂ）電気機械産業

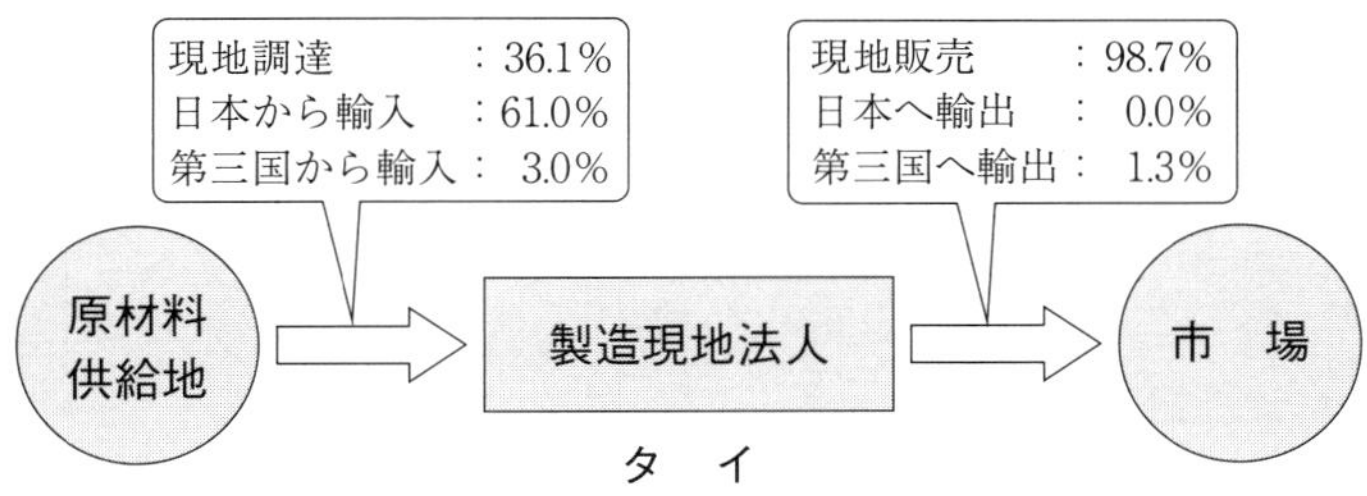

（ｃ）輸送機械産業

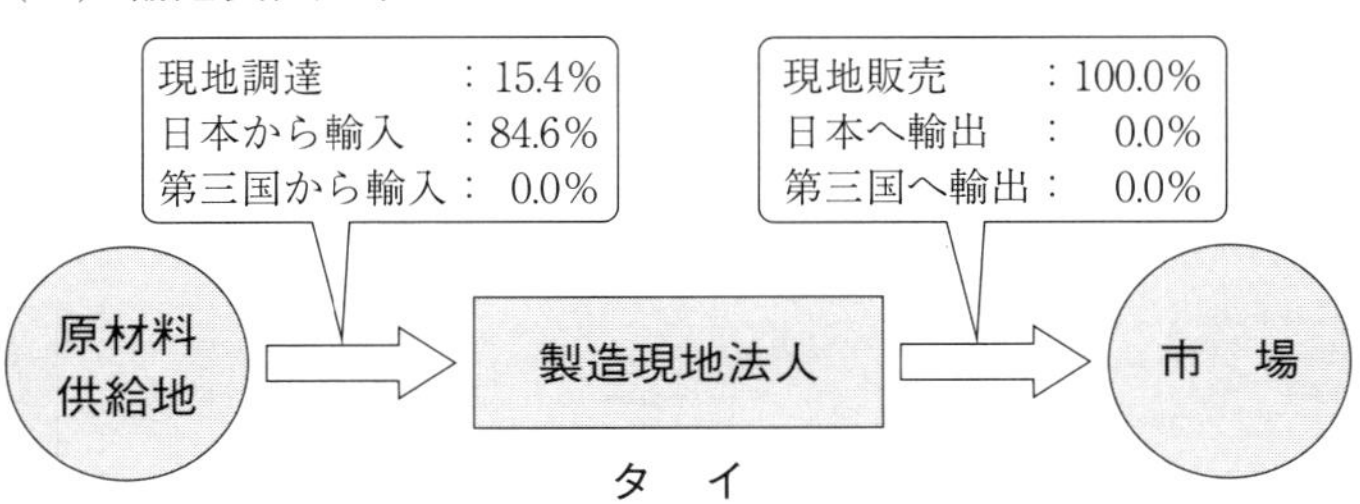

出所：経済産業省（通商産業省）「海外事業活動基本調査」（「海外事業活動動向調査」）より筆者作成。

なお、輸送機械産業において「日本からの輸入」の割合が非常に大きいのは、自動車産業では日本から自動車部品をセットにして送り、現地で単純な組立だけを行う「ノックダウン輸出」という方式が行われていたことを反映している。

（3）初期段階における東南アジア立地行動の特徴とその背景

パナソニックにおける東南アジアへの立地行動のケース

この時期のアジア立地行動の特徴と背景について、パナソニックが東南アジア諸国に設置した製造現地法人の状況から見てみる。(9) 前述したように、パナソニックの東南アジア諸国の製造現地法人は、一九六〇年代から一九七〇年代初めにかけてタイ、マレーシア、フィリピン、インドネシアに次々と配置されたが、これらの現地法人には以下のような特徴があった。

❶現地販売向けの小規模な生産拠点であり、現地政府の輸入代替工業化政策に対応して設けられた。現地販売向けなので、販売・マーケティング活動も一定程度なされていたと考えられる。

❷電池やラジオ、テレビ、洗濯機など複数の家電製品の組立生産を行っていた。つまり、一つの製造現地法人が複数の製品を生産する「複品製造会社」であった。

❸現地政府の政策で、一〇〇パーセント出資の完全子会社の設立は認められておらず、現地企業

との合弁会社（ジョイントベンチャー）の形態であった。

なお、現地でのテレビ生産に関しては、主として旧式の製品（白黒テレビ）が生産されており、テレビの主要部品であるブラウン管を日本で生産し、現地のテレビ生産拠点へと輸出していた。

東レとトヨタにおけるアジア立地行動のケース

東レやトヨタの社史における以下の記述からも、日本企業のアジア立地行動の初期段階における具体的な特徴と、その背景について読み取ることができる。

一九五〇年代半ばから一九六〇年代半ばまで日本の合繊繊維輸出は大きく伸長し、東レは活発な輸出促進戦略を展開した。この時代は、発展途上各国で、輸入代替工業化政策がとられはじめた時期でもあった。各国で、輸入阻止のための保護関税が設定されるとともに、外国の技術や資本を導入するため、税制をはじめ様々な外資優遇措置が講じられた。ただし、国内企業

(9)　パナソニックのアジア事業部（大阪市）およびテレビ事業部（大阪府吹田市）でのインタビュー調査に基づいている（一九九五年八月に実施）。

に対する外資の持株比率についてはマジョリティ取得を禁じるなど、一定の規制を課す国も多かった。発展途上国の輸入代替工業化政策に対応し、商社と連携して展開する合弁形式の企業進出が、この時期の東レの海外事業の基本パターンとして、積極的に展開されるようになった。この場合、一般的には東レが最大持ち分の株主になって、現地資本との合弁形態をとり、商社はマイノリティの株主になった。そして、日本から、東レ製の原糸・原綿が供給され、その原糸・原綿や工場建設のための機械設備の船積みはパートナー商社が担当していた。（一部を省略・修正。日本経営史研究所編（一九九七）『東レ70年史』四九二～四九三ページ）

一九六〇年代になると、日本の自動車各社の海外活動は積極さを増していった。日本の自動車輸出台数（年間）は、一九六一年に三万五〇〇〇台、一九六三年に九万台を超し、一〇万台の大台に近づく。こうしたなかで、トヨタも一九六一年に初めて輸出台数（年間）が一万台を超え、本格的な輸出の気運が高まった。この時期、日本の自動車輸出をリードしたのは、ノックダウン輸出であった。当時のノックダウン輸出は、輸出先国の国産化方針に合わせて、市場確保を図ろうとしたところに特色があった。トヨタもメキシコ、南アフリカ、オーストラリア、タイ、フィリピンなどに向けてノックダウン輸出を行った。アジア地域では、タイは非常に有力な市場であり、一九六二年にタイ・トヨタ社（ＴＭＴ）を設立し、一九六三年にＴＭＴに向けてノックダウン輸出を開始した。（一部を省略・修正。トヨタ自動車のホームページ「トヨタ自動車75年史」の第2部・第1章・第5節・第3項より）

以上のことから、日本企業のアジア立地行動（とくに、ASEAN4への立地行動）の初期段階における特徴は、現地市場の確保の側面が強く、その背景として、アジア諸国政府の輸入代替工業化政策があったと言える。

（4）初期段階におけるアジア立地行動の論理

輸入代替工業化政策は、外国からの輸入を国内生産に代替することによって自国の工業化を進める政策である。輸入代替工業化政策では、関税などの保護貿易措置を行うと同時に、法人税の免除などといった外資優遇措置を行うことによって、現地販売を目的とした多国籍企業の現地生産拠点を誘致することになる。

アジア諸国の市場に製品供給してきた多国籍企業は、現地政府の保護貿易措置によって輸出が難しくなる一方で、外資優遇措置によって現地生産を通じた製品供給が容易になる。いわば、アメ（外資優遇措置）とムチ（保護貿易措置）を使った企業誘致政策であると言える。

この時期のアジア諸国は、労働費用上の利点があるにしても、インフラストラクチャーが未整備なほか、所得水準の低さから市場規模も小さいなど、現地の立地環境は必ずしも良好なものではなかった。したがって、日本企業のアジア立地行動の初期段階では、「低賃金労働力の獲得のための労働指向立地」の側面よりも、「保護貿易措置に対応した市場確保型の市場指向立地」の側面のほうが強かったと考えらえる。また、当時のアジア生産拠点は、原材料の調達において「日本からの輸入」の割合が高いことから、日本工場の「分工場」としての特徴を強く有していたとも考えられる。

COLUMN　完全子会社と合弁会社について

海外現地法人には、100%出資の完全子会社（独資）の形態だけでなく、現地企業などと共同で出資した合弁会社（ジョイントベンチャー）の形態がある。自国の工業化のために多国籍企業を誘致したアジア諸国政府としては、自国企業の育成・発展も重要であるため、政策的に自国企業との合弁会社の設立を義務づけることが多かった。多国籍企業にとっては、完全子会社のほうが海外現地法人を完全に掌握できるのでメリットとなるが、合弁会社にも現地の事情に熟知している現地企業の協力を得やすいという利点がある。

現在は、製造現地法人を設ける場合、完全子会社での設立が認可されやすくなっている。ただし、中国の自動車組立生産拠点のように、現地政府にとって戦略的に重要な業種では、依然として現地企業との合弁が義務づけられている。また、販売現地法人を設ける場合には、多くのアジア諸国において、自国の流通業者の保護のために現地企業との合弁が義務づけられている。

図６－２　輸入代替工業化政策へ対応した日本企業のアジア立地行動

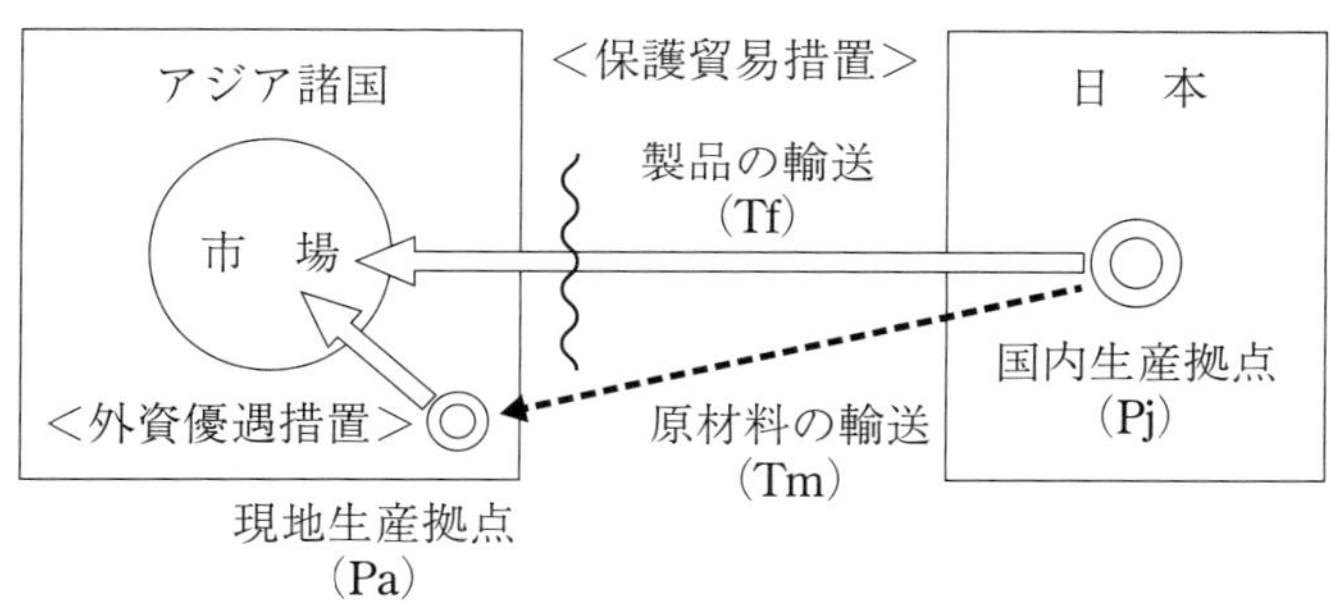

出所：筆者作成。

輸入代替工業化政策に対応した日本企業のアジア立地行動の論理をさらに厳密に説明すると、以下のようになる。

日本での生産費用をPj、アジア諸国での生産費用をPa、日本からアジア諸国への製品の輸送費用をTf、日本からアジア諸国への部品などの原材料の輸送費用をTmとすると、「Pj＋Tf＜Pa＋Tm」であるならば、生産拠点を日本に配置したほうが有利であり、逆に「Pj＋Tf＞Pa＋Tm」であるならば、生産拠点をアジア諸国に配置したほうが有利となる。

輸入代替工業化政策が行われると、保護貿易措置によりTfが人為的に引き上げられ、外資優遇措置によりPaが人為的に引き下げられることになる。そのため、「Pj＋Tf＞Pa＋Tm」といった条件が満たされ、日本企業のアジア立地行動が促進されると考えられる（**図６－２**を参照）。

3　アジア立地行動の本格化スタート段階について

(1)　日本企業のアジア立地行動の本格化スタート段階

一九八五年九月に開催された先進五か国の蔵相・中央銀行総裁会議におけるドル高是正に関する合意（アメリカのプラザホテルが会場だったため「プラザ合意」と呼ばれる）を契機として、一九八〇年代後半から急激な円高が進行した。そして、それを背景にして、日本企業のアジア製造現地法人の設立も急増していった。よって、一九八〇年代後半から一九九〇年代前半までの時期は、日本企業のアジア立地行動の「本格化スタート段階」と呼ぶことができる。

なお、この時期の日本経済は安定成長期であり、プラザ合意による円高の直後「円高不況」に悩まされたものの、その後、一九九〇年代初頭まで好景気が続いた。当時は、高額なブランド品が飛ぶように売れ、異常なほどの地価高騰という現象も生じたわけだが、この「バブル景気」の終焉のあとに日本経済は「低成長」に悩まされることになった。

さて、一九九四年度のアジア製造現地法人の売上高を見てみると、アジアNIES、ASEAN4の製造現地法人が、それぞれ売上高全体の五〇・八パーセント、四二・三パーセントを占めている。

一方、中国の製造現地法人の売上高は全体の四・六パーセントでしかない。つまり、この時期の日本企業の主な進出先は、引き続きアジアNIESとASEAN4であったことが現地法人の売上高からも確認することができる。ただし、以下に見るように、国際的なサプライチェーンの状況はアジア立地行動の初期段階とは大きく異なっている。

（2）本格化スタート段階における国際的なサプライチェーンの状況

この時期における日本企業のアジア製造現地法人の国際的なサプライチェーンの状況について、一九九四年度の売上高内訳データおよび仕入高内訳データから見てみよう。

製品の販売先については、アジアNIESの製造現地法人では、「現地販売」の割合が五七・三パーセント、「日本への輸出」の割合が一八・四パーセント、「第三国への輸出」の割合が二四・三パーセントとなっている。また、ASEAN4の製造現地法人では、「現地販売」の割合が五七・二パーセント、「日本への輸出」の割合が一三・七パーセント、「第三国への輸出」の割合が二九・一パーセントとなっている。

つまり、アジアNIESだけでなくASEAN4の製造現地法人においても、売上高に占める「日本への輸出」や「第三国への輸出」の割合が高くなっているということだ。

図6－3は、ASEAN4の製造現地法人のサプライチェーンの状況について、繊維産業・電気機械産業・輸送機械産業ごとに詳しく示したものである。

原材料の調達先については、アジア立地行動の初期段階に比べて「日本からの輸入」の割合が低下し、「現地調達」あるいは「第三国からの輸入」の割合が高くなっていることが分かる。とくに、「日本からの輸入」の割合が非常に高かった電気機械産業や輸送機械産業においてはこの変化が顕著である。

製品の販売先については、輸送機械産業では依然として「現地販売」が中心であるものの、繊維産業や電気機械産業では輸出拠点としての役割が大きくなっていることが分かる。とくに、電気機械産業では「第三国への輸出」の割合が非常に高い。さらに「第三国への輸出」における輸出先割合を見てみると、六一・五パーセントはアジア域内向けであるが、三〇・三パーセントは北米（アメリカ、カナダ）向けとなっている。このことから、ASEAN4の生産拠点は、日本からアメリカ市場への「迂回輸出」の役割も担っていたと推測される。

以上のように、アジア諸国（とくにASEAN4）の製造現地法人が輸出拠点としての役割を強めてきたことが、本格化スタート段階におけるアジア立地行動の特徴と言える。

図６－３　ASEAN4の製造現地法人のサプライチェーンの状況（1994年度）

（ａ）繊維産業

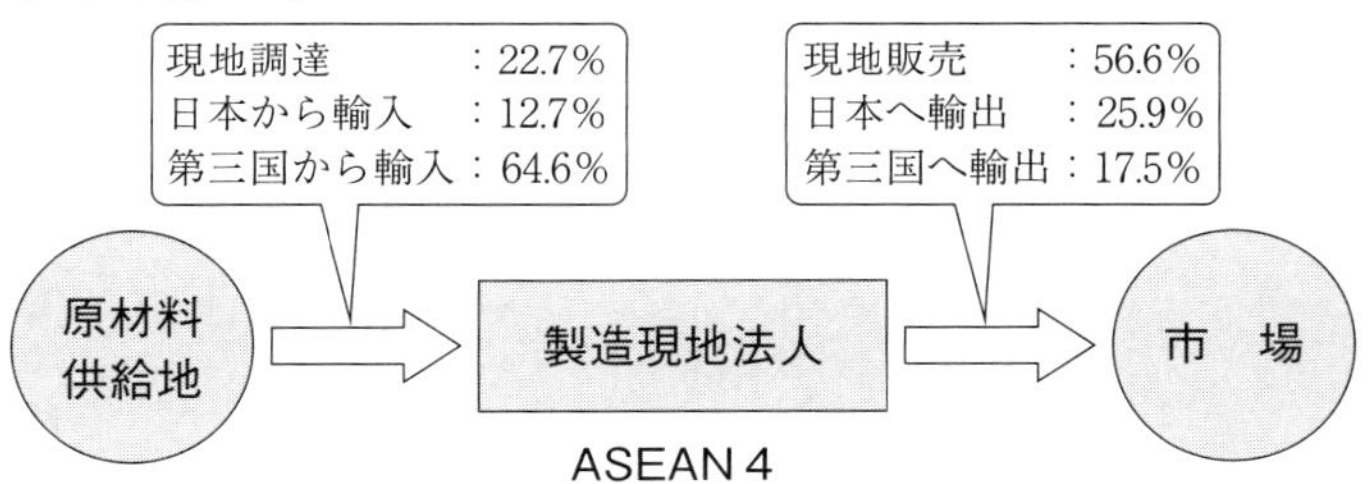

（ｂ）電気機械産業

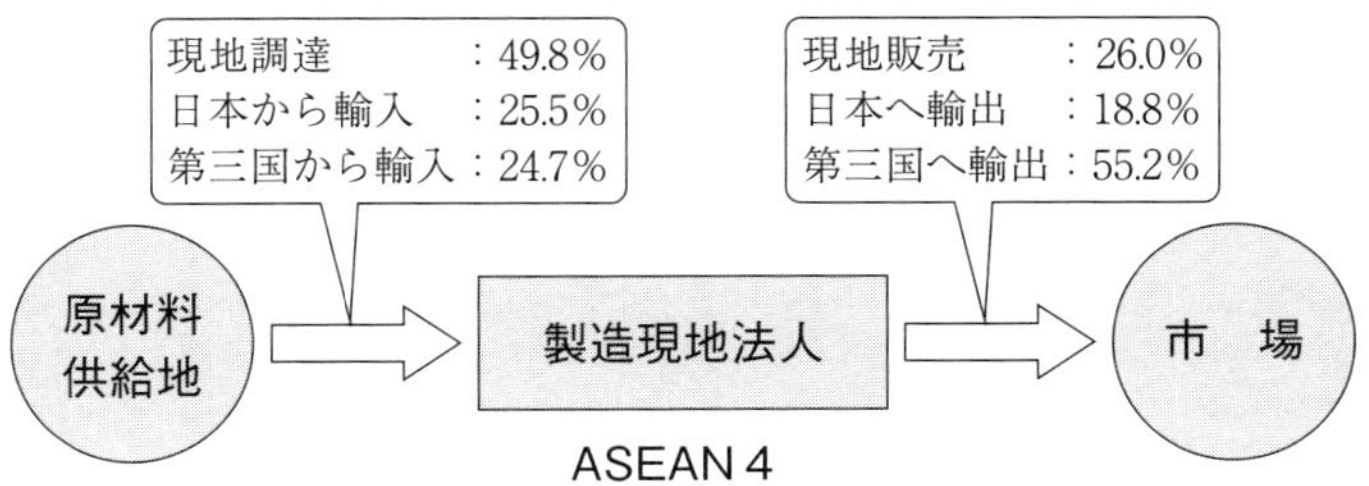

（ｃ）輸送機械産業

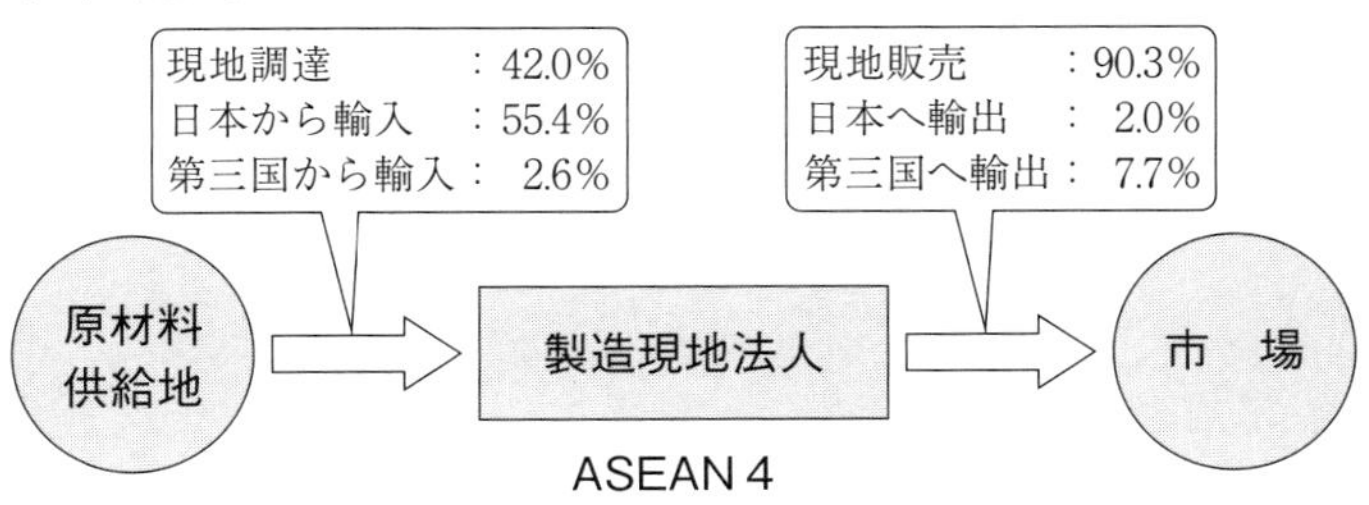

出所：図６－１と同じ。

(3) 本格化スタート段階におけるアジア立地行動の特徴とその背景

パナソニックの東南アジア・マレーシアへの立地行動のケース

以下では、一九六〇年代から進出しているパナソニックの東南アジア・マレーシアの製造現地法人をケースにして、アジア立地行動のより具体的な特徴とその背景を見てみることにする。[10]

パナソニックのASEAN4における生産拠点は、一九八〇年代後半の円高に直面して、現地販売向けだけでなく輸出拠点としての役割を果たすようになった。ASEAN4のなかでは、最初にマレーシアにテレビやエアコンの輸出拠点が設置されたが、従来の現地販売向けの製造現地法人に加えて、輸出向けの製造現地法人を新たに設けることになった。

具体的に言えば、輸出向けのカラーテレビ組立生産拠点が、一九八八年にマレーシア（クアラルンプル郊外のシャーラム工業団地）に設置された。そして、テレビの基幹部品であるブラウン管の生産拠点についても、テレビ工場に近接して一九九〇年に新たに設置された。また、一九九〇年にはテレビ工場内に開発センターを設置し、現地での安価な部材を利用した「合理化モデル」を開発した。

マレーシアの新工場では、一九九五年には年間二二〇万台のテレビが生産されたが、そのうち約一〇〇万台は日本向けに、約一二〇万台は中国、ロシア、東欧、中近東に向けて輸出された。

なお、製品は小型・中型（14インチや21インチなど）が主力であり、当時、日本国内の生産拠点（大型製品や高機能製品が中心）とは製品間分業が行われていた。

また、一九九五年におけるマレーシア新工場の原材料調達については、日本からの輸入が約四割（金額ベース）を占めており、ブラウン管は現地で生産するものの、ブラウン管用の重要部品などは日本で生産するといった工程間分業が行われていた。

この時期に設置された輸出向けの製造現地法人は、輸出向けの大規模な生産拠点であり、テレビやエアコンなど特定の家電製品の組立生産

(10)　マレーシアのテレビ製造現地法人でのインタビュー調査に基づいている（一九九五年九月に実施）。

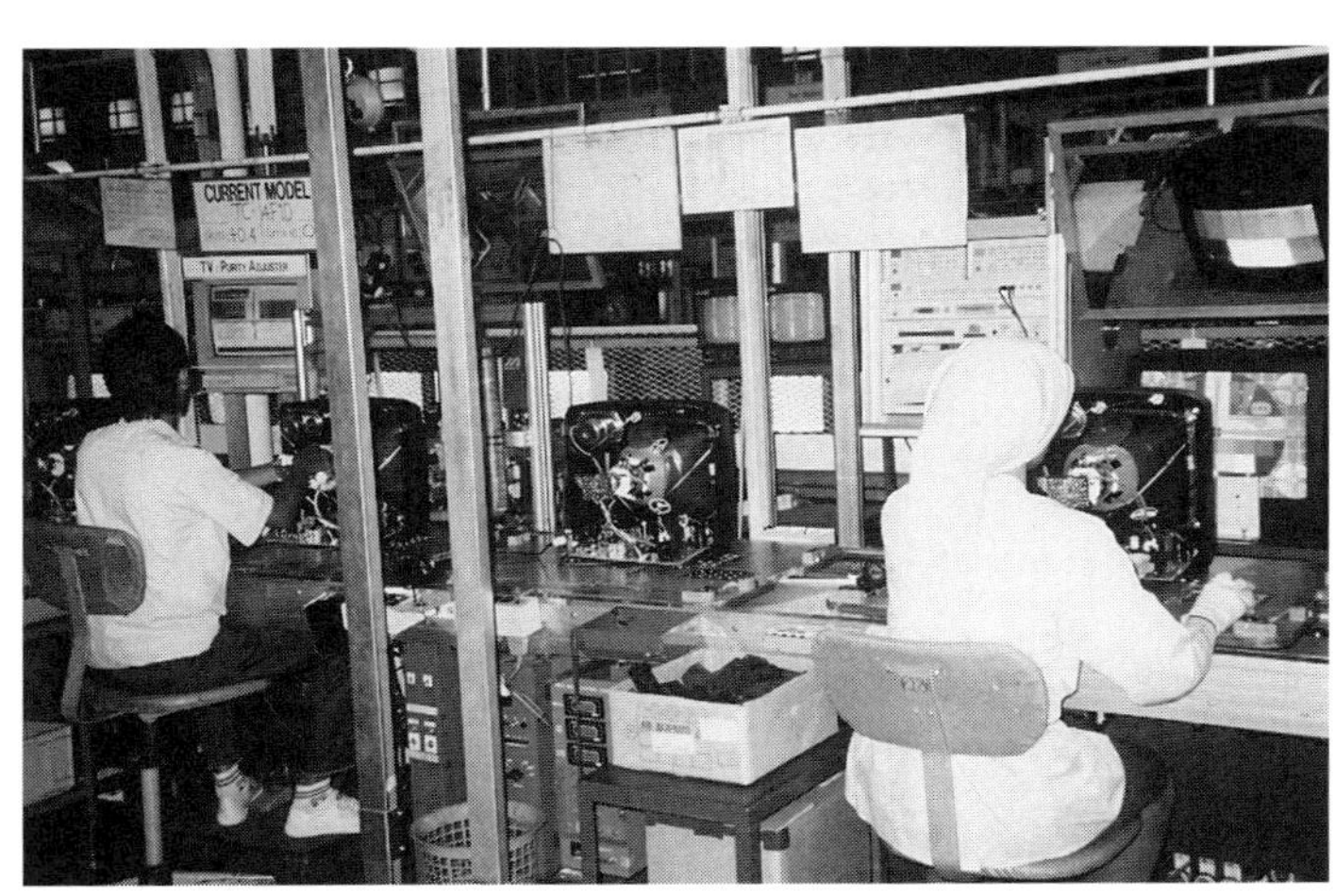

マレーシアにおけるパナソニックのテレビ組立工場の風景。現在のような液晶テレビではなく、当時はブラウン管テレビが主流であった

を行っていた（つまり、単品製造会社）。また、現地政府の輸出振興策によって、外資優遇措置（法人税の免除など）を受けるとともに、一〇〇パーセント出資の完全子会社としての設立が許可されていた。(11)

東レにおける東南アジアへの立地行動のケース

アジア諸国（とくにASEAN4）の製造現地法人が輸出拠点としての役割を強めてきたことは、東レの社史における以下の記述からも読み取ることができる。

一九八五年のプラザ合意の時点で、東レのアジアにおける繊維事業は、輸出を目的として設立された「マレーシアの事業拠点である」ペングループはもとより、タイ、インドネシアの各社も輸出重視の転換を終え、輸出に適格な品質水準を確立していた。東レの海外繊維事業の特徴は、原糸・原綿のファイバー事業に限定せず、高次加工体制を充実させたテキスタイルが大半を占めていたことと、品質向上でアメリカ・ヨーロッパ市場への販売高が八割に達していたことなどである。このため、東レがグローバル戦略の拠点としたタイ、マレーシア、インドネシアの三か国、一五社の繊維事業にとって、プラザ合意後の「ウォン高」、「元高」で韓国、台湾の輸出競争力が減退したことが追い風になった。また、アメリカの好況が持続していたことも、これら三か国、一五社の事業の発展を支えた。（一部を省略・修正。また、［　］内は筆者が補足。『東レ70年史』八九七ページ）

トヨタにおける東南アジアへの立地行動のケース

自動車産業の場合は、現地販売向けの自動車組立生産が引き続き行われたものの、部品（ユニット）レベルでは東南アジア域内での輸出も拡大しながら、現地生産体制が本格的に構築されてきた。この点は、トヨタの社史における以下の記述から読み取れる。

一九八〇年代半ば以降、トヨタは東南アジア諸国連合（ASEAN）各国でもユニット工場や車両組立工場の設置を進めるなど、積極的な新規投資へと舵を切った。各国の国内需要増とユニットを含む域内輸出の本格化を見据えた措置であり、ASEAN域内での補完体制は急速に進展した。タイでは、一九六二年に組立会社のトヨタ・モーター・タイランド（TMT）、一九

(11)　なお、タイにおける輸出向けの製造現地法人（アルカリ電池の製造会社など）は一九九〇年代に入ってから設立されている。これらは従来の製造現地法人（複品製造会社）の各生産拠点をそれぞれ分社化したものであり、マレーシアでの輸出向けの製造現地法人とは設置の仕方が異なっている点が興味深い（この点は、タイの製造現地法人で聞いている）。

七八年にプレス部品会社のトヨタ・オートボデー・タイランド（ＴＡＢＴ）を設立していた。これらに続いて、一九八七年にはエンジン製造の合弁会社、サイアム・トヨタ・マニュファクチャリング（ＳＴＭ）を設立し、一九八九年から生産に着手した。ＳＴＭは、小型トラック用エンジン生産の現地化を図り、他社協業も進めるプロジェクトであった。この時期、トヨタをはじめ日系メーカーの投資が東南アジアで進展した背景には、ASEAN六か国が一九八八年に覚書を交わした自動車部品相互補完に関する「ＢＢＣ（Brand to Brand Complementation）スキーム」が成立したことがあった。これは、自動車メーカー各社がそれぞれのブランドのもとに、ASEAN内の現地調達率五〇パーセントを達成した部品を自由に輸出入できる仕組みである。該当部品に対する各国の関税は五〇パーセント減免され、貿易障壁が大幅に緩和された。（一部を省略・修正。『トヨタ自動車75年史』の第3部・第1章・第4節・第3項より）

以上のことから、日本企業のアジア立地行動（とくにASEAN4への立地行動）の本格化スタート段階における特徴は、初期段階に比べてインフラストラクチャーが整備され、原材料の現地調達が一定程度進み、現地での生産体制が強化されたことが挙げられる。また、現地販売向けの生産拠点としての役割だけでなく、輸出拠点としての役割が高まってきたことも挙げられる（自動車産業の場合は部品レベルでの輸出が中心）。

（４）本格化スタート段階におけるアジア立地行動の論理

こうした立地行動の背景には、一九八〇年代半ば以降の、円高の進展といった為替レートの変化がある。円高の進展は日本からの輸出を不利にし、現地から日本や第三国への輸出を有利にした。また、アジア諸国政府の工業化政策が「輸入代替工業化政策」から「輸出主導工業化政策」へと切り替わってきたことも、この時期の日本企業のアジア立地行動の背景にあると言える。

前述したように、日本企業のアジア立地行動の初期段階では、「低賃金労働力の獲得のための労働指向立地」の側面よりも「保護貿易措置に対応した市場確保型の市場指向立地」の側面のほうが強かったわけだが、日本企業のアジア立地行動の本格化スタート段階になると、「低賃金労働力の獲得のための労働指向立地」といった側面のほうが顕著になってきたと考えられる。

ただし、繊維産業や電気機械産業が「輸出産業化」した一方で、自動車産業はまだ「輸出産業化」には十分に到達しておらず、自動車産業における現地生産拠点は市場確保型の市場指向立地の側面も強く残っていたと言える。

COLUMN　中国への立地行動における初期段階

パナソニックや東レが、初めて中国に製造現地法人を設立したのは、パナソニックが1987年、東レが1994年である（トヨタ自動車は1998年）。つまり、1980年代後半から1990年代前半は、アジアNIESやASEAN4への立地行動においては本格的スタート段階であるものの、中国への立地行動に限っては初期段階と言える。

1994年度の中国の日系製造現地法人におけるサプライチェーンの特徴について見てみると、原材料の調達では、「日本からの輸入」の割合が50.4%と高く、一方で「現地調達」の割合は29.4%と低い（「第三国からの輸入」の割合は20.2%）。また、製品の出荷では、「日本への輸出」の割合が40.5%と高く、「現地販売」の割合は32.0%と低い（「第三国への輸出」の割合は27.5%）。この時期における日本企業の中国生産拠点は、ASEAN4への立地行動の初期段階と同様に「現地調達」は弱いものの、当初から輸出拠点としての役割が強かったことが分かる。

当時、中国政府は多くの産業で保護貿易措置を行っていたものの、中国への輸出は「香港ルート」（香港の流通業者が中国大陸に製品を持ち込む出荷ルート）を使う場合、関税がかからなかったため、現地市場を確保するための中国生産の必要性は比較的小さかったと考えられる。

なお、香港ルートを使った中国への輸出は、1997年に香港の中国返還が行われてからは、ほとんど行われなくなったと推測される。

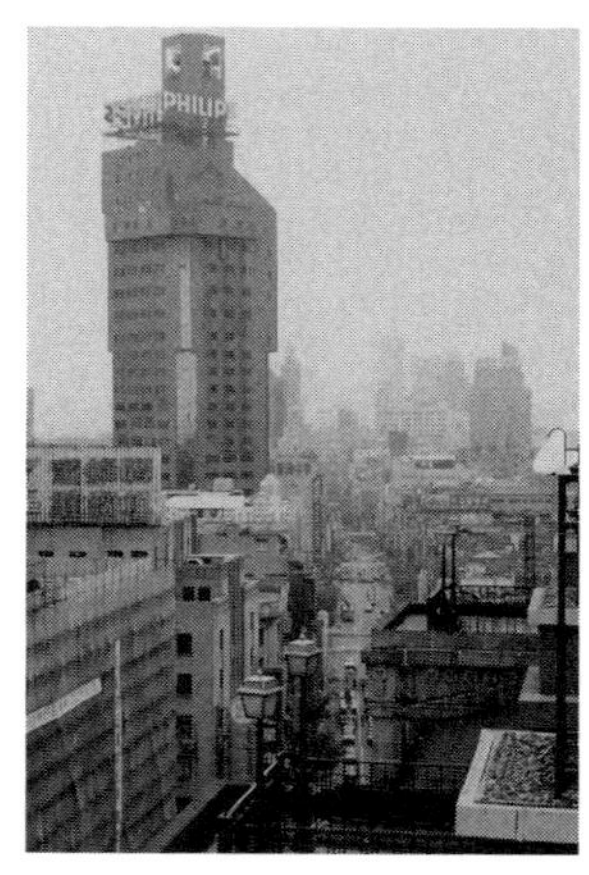

現在は観光客でにぎわう上海市の南京路も、当時は暗い感じで夜に一人で歩くのには不安があった。和平飯店（ホテル）の屋上から撮影

4 二〇〇〇年代以降のアジア立地行動について

（1）日本企業における二〇〇〇年代以降のアジア立地行動

最後に、二〇〇〇年代以降のアジア立地行動について見てみよう。この時期の日本経済は低成長期であり、少子高齢化といった問題が顕在化してきたときである。日本国内の市場が成熟化してきたこともあり、日本企業にとっては、中国や東南アジア諸国などアジア新興国の市場の重要性がますます高まったときでもある。

進出先の変化

さて、日本企業のアジア立地行動の初期段階や本格化スタート段階では、アジアNIESやASEAN4への立地行動がアジア立地行動の中心であったが、**図6-4**に示されるように、二〇〇〇年代以降のアジア立地行動では進出先における大きな変化が生じてきた。

日系アジア製造現地法人の売上高でのアジアNIESの割合は、二〇〇〇年度の四二・八パーセントから二〇一五年度の一六・三パーセントへと大幅に低下してきた一方で、中国の割合は、二

図６－４　アジア製造現地法人の売上高における地域別割合

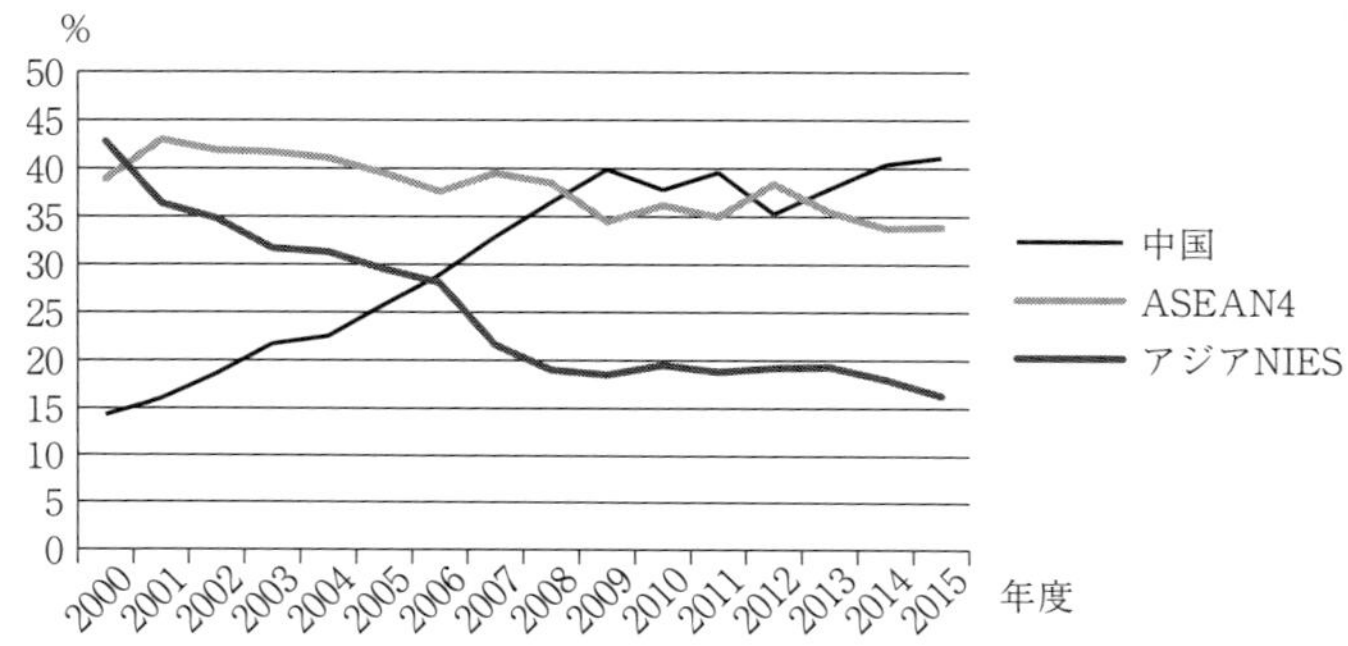

出所：図６－１と同じ。

〇〇〇年度の一四・三パーセントから二〇一五年度の四一・一パーセントへと大幅に上昇してきた。一方、ASEAN4は、二〇〇〇年度の三八・九パーセントから二〇一五年度の三三・九パーセントへとその割合はやや低下しているものの、高い水準を維持している。

日本企業の二〇〇〇年度以降のアジア立地行動は、主として二〇〇一～二〇〇六年度頃はASEAN4向けが、それ以降はASEAN4向けおよび中国向けが牽引してきたと言える。

業種的な変化

次に、アジア立地行動における業種的な変化を見てみる。

日本企業のアジア立地行動の初期段階では、主に繊維産業と電気機械産業によってアジア立地行動が牽引されていた。一九七二年度の日系アジア製造現地法人の売上高では、繊維産業と電気機械産業の割合がそれぞれ製造業全体の三三・三パーセント、二七・九パーセントを占めていた。一方、自動車など輸送機械産業の割合は九・〇パーセントに過ぎなかった。

また、日本企業のアジア立地行動の本格化スタート段階では、引き続き電気機械産業によってアジア立地行動が牽引されていたものの、繊維産業に代わって輸送機械産業がアジア立地行動の牽引役になってきた。ちなみに、一九九四年度の日系アジア製造現地法人の売上高では、電気機械産業の割合が三九・四パーセントであり、輸送機械産業の割合が二三・〇パーセントであった（繊維産業の割合は六・一パーセント）。

二〇〇〇年代以降のアジア立地行動では、輸送機械産業（自動車産業）の重要性がさらに顕著になってきた。日系アジア製造現地法人の売上高での輸送機械産業の割合は、二〇〇〇年度の一七・六パーセントから、二〇〇五年度の三〇・二パーセント、二〇一〇年度の四一・〇パーセント、二〇一五年度の四四・六パーセントへと大幅に上昇しており、逆に電気機械産業の割合は、二〇〇〇年度の四七・四パーセントから、二〇〇五年度の三六・一パーセント、二〇一〇年度の二四・九パーセント、二〇一五年度の一九・四パーセントへと大幅に低下している。

（2）二〇〇〇年代以降の国際的なサプライチェーンの状況

前述したように、二〇〇〇年代以降のアジア立地行動は、ASEAN4への立地行動および中国への立地行動が中心であったため、この時期の国際的なサプライチェーンの状況については日本企業のASEAN4および中国の製造現地法人を軸に見てみる。

製品の販売先の推移について

ASEAN4および中国の製造現地法人における売上高内訳データから、製品の販売先の推移について見てみよう（**図6-5、図6-6**を参照）。結論を先に言えば、二〇一〇年頃を境にして、それ以前の傾向とそれ以降の傾向では異なったパターンが認識される。

すなわち、ASEAN4の製造現地法人における製品の販売先は、「現地販売」の割合が二〇〇〇年度の三八・八パーセントから二〇一二年度の五七・一パーセントへと上昇したものの、二〇一五年度には五〇・五パーセントへと低下しているのだ。また、中国の製造現地法人における製品の販売先も、「現地販売」割合が二〇〇〇年度の五四・八パーセントから二〇〇九年度の七一・七パーセントへと上昇したものの、二〇一五年度には五八・〇パーセントへと低下している。

ASEAN4および中国の製造現地法人における製品の販売先として、「日本への輸出」の割合は

図６－５　ASEAN4の製造現地法人における製品の販売先

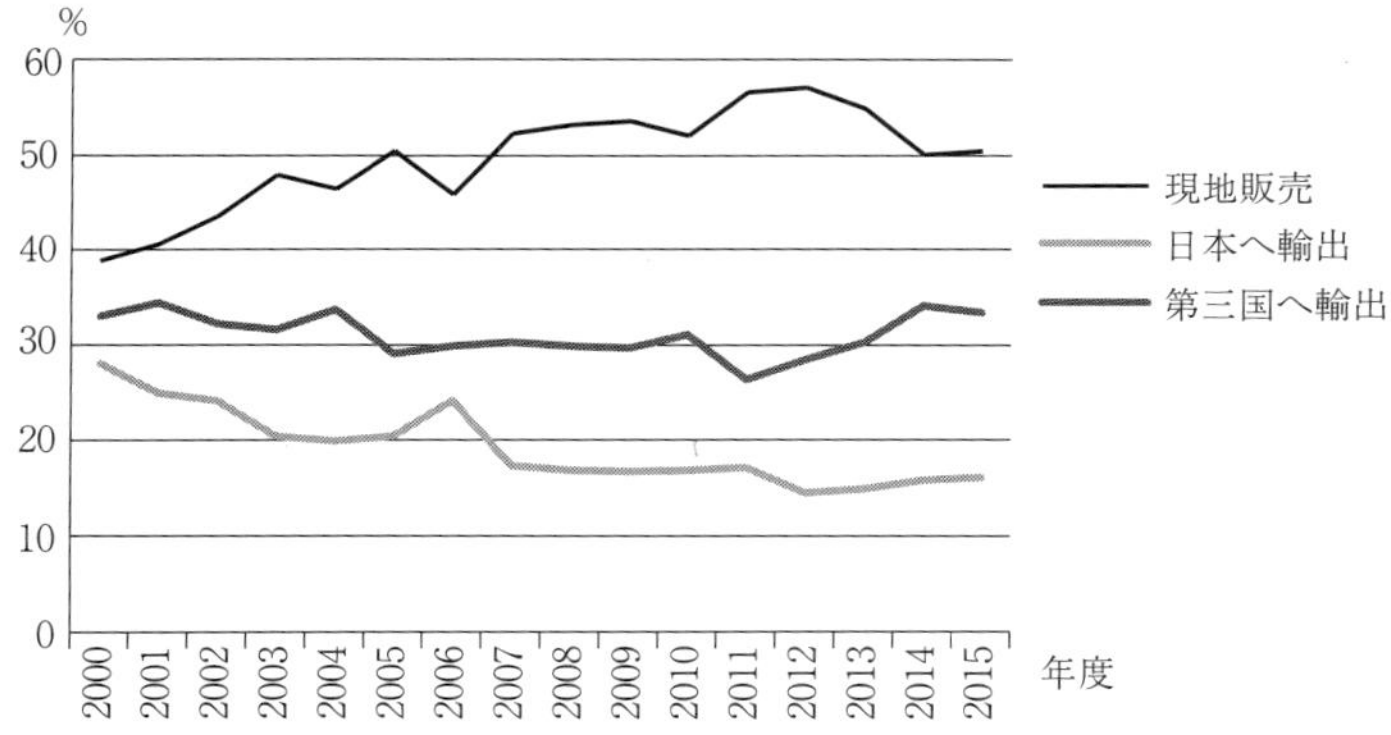

出所：図６－１と同じ。

図６－６　中国の製造現地法人における製品の販売先

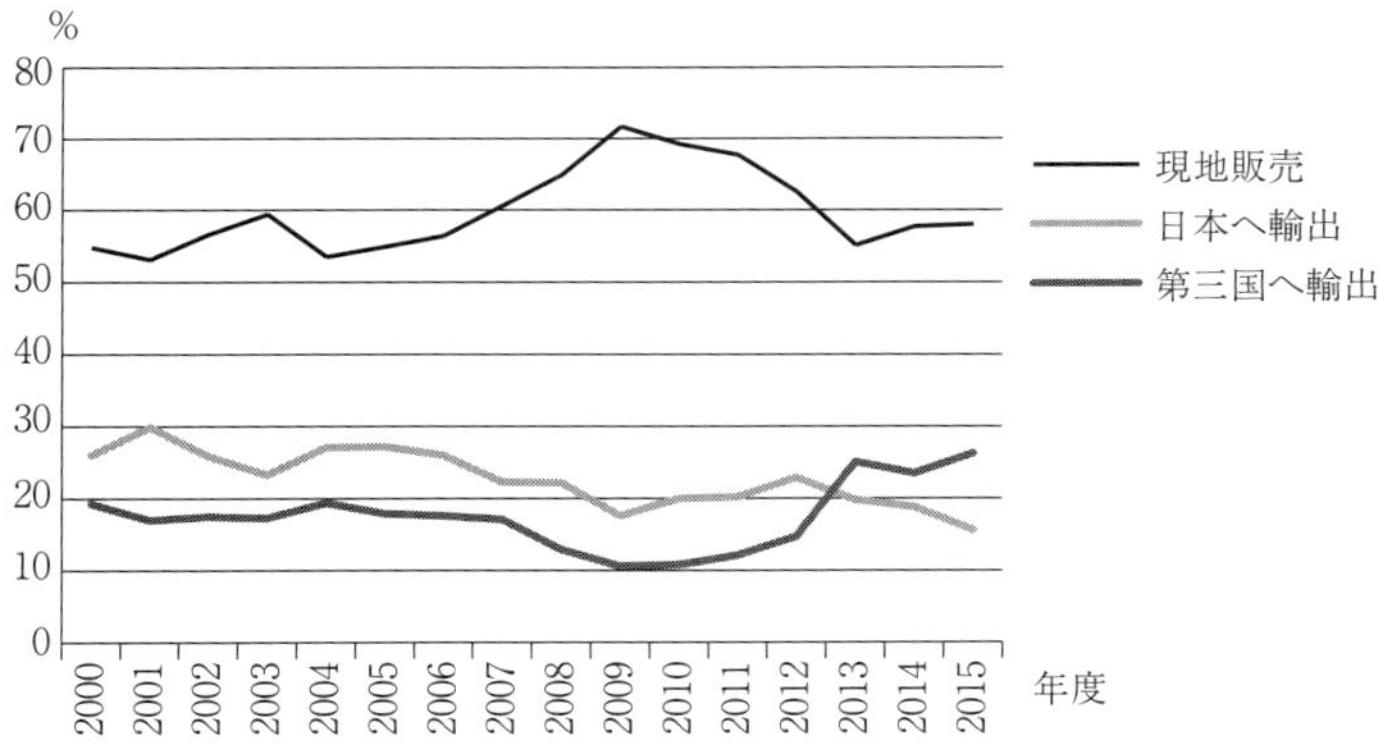

出所：図６－１と同じ。

二〇〇〇年度から二〇一五年度にかけて一貫して低下してきているが、「第三国への輸出」の割合は二〇一〇年頃を境にして低下から上昇に転じている。このことが、「現地販売」の割合が上昇から低下へと転換したことと密接に関係していると推測される。

なお、二〇一五年度では、ASEAN4や中国の製造現地法人の「第三国への輸出」のうち、アジア域内向けの割合がそれぞれ七九・三パーセント、八八・二パーセントを占めている。

原材料の調達先の推移について

次に、ASEAN4および中国の製造現地法人における仕入高内訳データから原材料の調達先の推移について見てみると（**図6-7**、**図6-8**参照）、ASEAN4の製造現地法人での「現地調達」の割合は二〇〇〇年度の四二・〇パーセントから二〇一五年度の六五・七パーセントへと大幅に上昇しているが、「日本からの輸入」の割合は、二〇〇〇年度の三六・四パーセントから二〇一五年度の二〇・七パーセントへと大幅に低下してきている。

この傾向は中国の製造現地法人でも同様であり、「現地調達」の割合が二〇〇〇年度の四七・六パーセントから二〇一五年度の七四・三パーセントへと大幅に上昇してきた一方で、「日本からの輸入」の割合が二〇〇〇年度の三九・七パーセントから二〇一五年度の一六・〇パーセントへと大幅に低下してきている。

図６－７　ASEAN4の製造現地法人における原材料の調達先

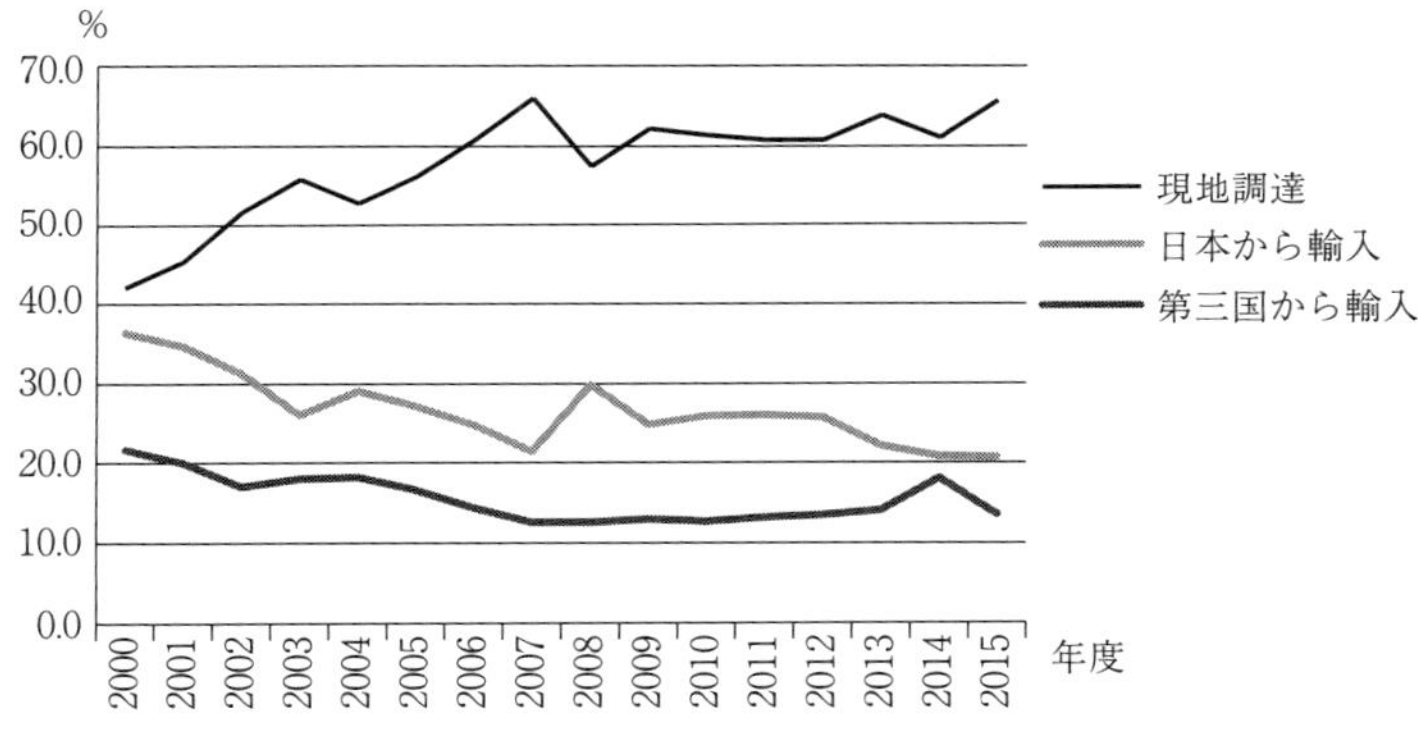

出所：図６－１と同じ。

図６－８　中国の製造現地法人における原材料の調達先

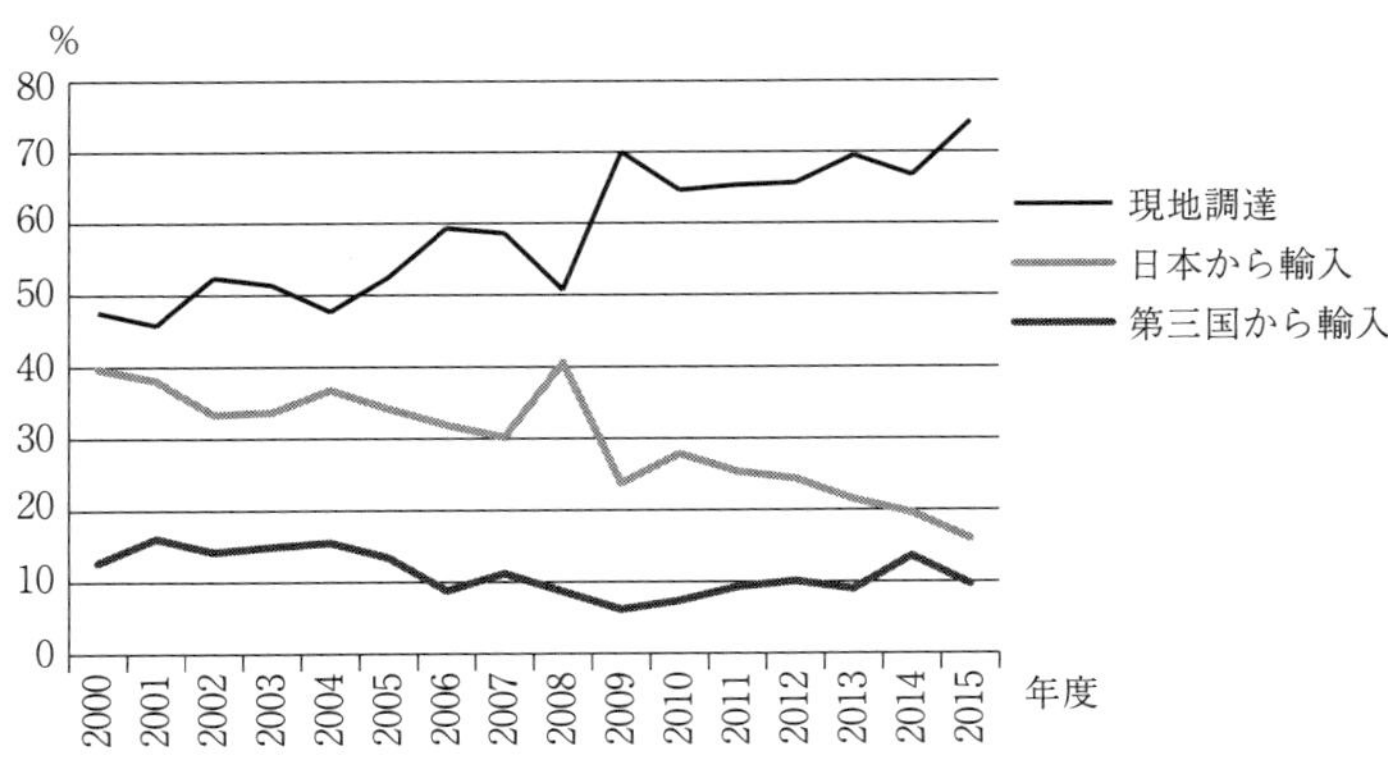

出所：図６－１と同じ。

だが、原材料の調達先として「第三国からの輸入」の割合に注目してみると、やはり二〇一〇年頃を境にして、わずかではあるが「第三国からの輸入」の割合も低下から上昇への転換が認識される。なお、二〇一五年度では、ASEAN4および中国の製造現地法人における「第三国からの輸入」のうち、アジア域内向けの割合がそれぞれ八一・四パーセント、七七・四パーセントを占めていた。

自動車産業における状況について

前項において記したものは、ASEAN4および中国の製造現地法人における製造業全体の売上高内訳データや仕入高内訳データから、国際的なサプライチェーンの状況を見たものである。では、自動車産業など輸送機械産業に絞ってデータを整理するとどのようになるのだろうか。自動車産業は、もともと現地販売向けの側面が強い産業なわけだが、それでも近年においては「現地販売」の割合が低下し、「第三国への輸出」の割合が上昇しているのだろうか。

ASEAN4の製造現地法人（輸送機械産業）の売上高内訳データから製品の販売先の推移を見てみると、「現地販売」の割合は二〇一〇年度の五九・七パーセントから二〇一五年度の五一・七パーセントへと低下している。一方、「第三国への輸出」の割合は、二〇一〇年度の三四・一パーセントから二〇一五年度の四〇・五パーセントへと上昇している。

また、中国の製造現地法人（輸送機械産業）でも、「現地販売」の割合は二〇一〇年度の八七・七パーセントから二〇一五年度の五二・五パーセントへと大幅に低下している一方、「第三国への輸出」の割合は二〇一〇年度の五・〇パーセントから二〇一五年度の四三・〇パーセントへと上昇している。

さらに、ASEAN4および中国の製造現地法人（輸送機械産業）の仕入高内訳データから原材料の調達先の推移を見てみると、「第三国からの輸入」の割合は、それぞれ二〇一〇年度の六・九パーセント、二・二パーセントから二〇一五年度の一〇・九パーセント、九・七パーセントへと上昇している。つまり、輸送機械産業についても、製造業全体と同様の傾向が確認できるわけである。

（3）二〇〇〇年代以降のアジア立地行動の特徴とその背景

トヨタにおける東南アジアへの立地行動のケース

二〇〇〇年代以降のアジア立地行動の特徴とその背景について、トヨタの東南アジアへの立地行動のケースからさらに詳しく見てみたい。

トヨタの社史によれば、一九六〇年代から行ってきた東南アジアでの自動車生産事業は、一九九七年の通貨危機によって一時的に打撃を受けたが、それを機に、さらなる域内相互補完体制の拡充が行われた。そして、二〇〇〇年代に入ってからは、「ＩＭＶ（Innovative International Multipurpose Vehicle）プロジェクト」も進められてきた。

　ＩＭＶプロジェクトとは、二〇〇二年に立ち上げられた「海外市場専用車を海外のみで国際分業する」ためのプロジェクトであり、「Made by Toyota」の車を世界一四〇か国以上に供給するためにプラットフォーム（車台）の共通化を図り、ピックアップトラック（三車型）とミニバン、ＳＵＶでシリーズ化して、「現地調達率一〇〇パーセント」を目標に相互補完を行うものである。

　主要ユニット（部品）の生産は、タイでディーゼルエンジン、インドネシアでガソリンエンジン、フィリピンでマニュアルトランスミッションなどを分担し、車両組立はタイ、インドネシアで行う体制となっている（南アフリカやアルゼンチンでもＩＭＶの車両を組立）。なお、二〇〇四年からはＩＭＶシリーズの市場投入をタイ、インドネシアで開始している[12]。

　二〇一六年におけるトヨタのタイでの自動車生産台数は五五万五九〇七台であり、うち三一万八六五八台は輸出しており、タイの生産拠点は輸出拠点としての役割が強まってきた。ただし、同年のトヨタのタイからの輸出額における完成車の割合は五九・六パーセントであり、輸出額の四割は自動車関連部品（ボディ部品やエンジンなど）が占めている[13]。

パナソニックにおける東南アジアへの立地行動のケース

トヨタなど日系自動車メーカーの東南アジア（とくにタイ）での自動車生産の拡大に対応して、電気機械メーカーであるパナソニックも自動車関連の生産事業を拡大している。たとえば、パナソニックのタイでの製造現地法人のなかでは、カーオーディオの製造現地法人がもっとも主力になってきた。

タイにおけるデバイス（部品）の製造現地法人でも、従来はテレビ用のデバイスを主に生産していたが、自動車用のデバイス（ハンドルスイッチなど）の生産に転換してきた。インドネシアでも日系自動車メーカーの生産が増えつつあるが、パナソニックでは東南アジアにおける自動車関連の生産事業はタイに集中配置しており、タイからインドネシアなどへと輸出している。

タイの美容家電（ビューティ家電）の製造現地法人も輸出拠点になっており、東南アジア諸国の経済成長や市場拡大は、タイでの現地販売だけでなく第三国への輸出を拡大させることになる。一方、タイのアプライアンス（冷蔵庫や洗濯機など）の製造現地法人は、主として国内販売向けの生産拠点であり、中間所得層への販売促進のために低価格帯の製品（一ドアの冷蔵庫や二槽式

---

(12)「トヨタ自動車75年史」の第3部・第4章・第3節・第1項より。
(13) フォーイン・アジア調査部編（二〇一七）『ASEAN自動車産業2017』のデータを参照した。

の洗濯機など）も生産・販売している。

なお、二〇〇〇年代以降のパナソニックの東南アジアへの立地行動では、従来からのASEAN4への立地行動だけでなく、ベトナムへの立地行動も目立ってきている。一九九六年、ホーチミンにカラーテレビの製造現地法人を設立していたが、二〇〇三年にハノイにアプライアンス（冷蔵庫や洗濯機など）の製造現地法人を、そして二〇〇五年にはハノイにベトナムの統括現地法人を設立して、ベトナムでの生産事業が本格化した。また、二〇〇六年にはハノイに通信機器・デバイスの製造現地法人も設立しているが、通信機器・デバイスの製造現地法人は輸出拠点といった役割が強いと言える(14)。

ベトナムでは家電の普及率がまだ低く、主に富裕層が購入しているため、タイなどに比べて、高価格帯の製品が販売の中心になっている

(4) 二〇〇〇年代以降のアジア立地行動の論理

日本企業の二〇〇〇年代以降のアジア立地行動は、アジア諸国（とくにアジア新興国）の経済成長と消費拡大を背景として、これまで以上に活発に行われてきた。業種的には、自動車産業におけるアジア立地行動が電気機械産業などを圧倒的に上回る勢いで行われるとともに、進出先としては、ASEAN4への立地行動に匹敵するほどまでに中

(14) パナソニックの東南アジアへのケースについての論述は、パナソニックのタイ、インドネシア、ベトナムにおける製造現地法人でのインタビュー調査に基づいている（二〇一三年九月と一〇月に実施）。

 COLUMN　チャイナ・プラス・ワンの進展

2000年代以降のアジア立地行動の特徴の一つは中国への立地行動の急拡大であるが、近年では、中国での賃金高騰や反日リスクなどを背景にして、進出先として中国よりもベトナムなど東南アジア諸国を候補にする企業も増えてきている。中国に生産拠点をもっていた企業が、中国以外にも生産拠点を設ける「チャイナ・プラス・ワン」の動きは以前から見られたが、これがさらに「脱中国依存」へと進展するのかどうかが注目される。ただし、中国市場は規模が巨大であり、日本企業にとって中国での事業活動の重要性を無視できない産業分野が多い。

中国南部の広州はベトナム北部と地理的に近いため、チャイナ・プラス・ワンでベトナム北部に進出するケースも見られる

国への立地行動が拡大してきた。

ASEAN4および中国の製造現地法人における製品の販売先として「現地販売」が増えてきたのは、現地の消費拡大に対応したアジア生産拠点であることから当然であろう。だが、二〇一〇年頃から主としてアジア域内向けの「第三国への輸出」が急増してきているのにはどのような理由があるのだろうか。

トヨタやパナソニックの東南アジアへの立地行動といった限定的な事例ではあるものの、これらのケース・スタディから、現地の消費拡大に対して、現地生産だけでなくアジア域内レベルでの生産体制を通じて製品を供給するといった傾向が強まってきていると解釈できる。なお、部品レベルでのアジア域内を中心とした第三国への輸出は、原材料の調達における「第三国からの輸入」の増加と連動していると考えられる。

5　日本企業におけるアジア立地行動のダイナミズムの論理

以上、ASEAN4への立地行動を中心にして、一九六〇年代から二〇〇〇年代以降までの日本企業のアジア立地行動の特徴とその背景について、日系製造現地法人の国際的なサプライチェーン

図6－9　日本企業のアジア立地行動の初期段階における論理

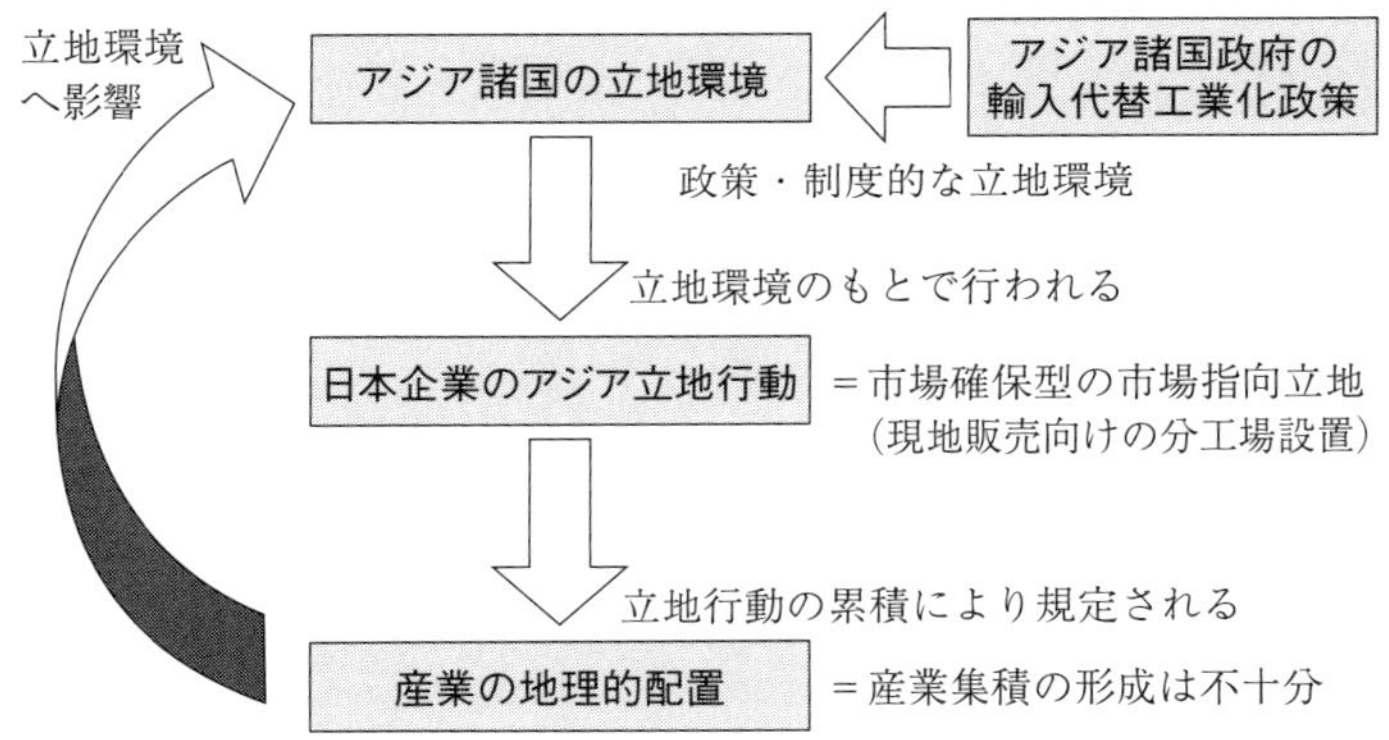

出所：筆者作成。

の状況を踏まえながら検討してきた。その結論として、これまでの日本企業のアジア立地行動とその背景であるグローバルな立地環境との関連についてまとめることにする。

アジア立地行動の初期段階については、**図6－9**のようにその論理を整理することができる。つまり、この時期の日系現地法人は、主として、アジア諸国政府の輸入代替工業化政策に対応して、現地販売向けに設置された製造現地法人であった。そのため、労働指向立地の側面よりも市場確保型の市場指向立地の側面が強かったと言える。

また、基幹部品など重要な原材料は日本からの輸入に依存しており、こうした分工場の立地だけでは、現地での産業集積の形成は不十分となる。このことが、その後、輸入代替工業化政策から輸出主導工業化政策といったアジア諸国政府における政策の転換にもつながったと考えられる。

一方、日本企業のアジア立地行動の本格化スタート段階では、主として円高といった為替レートの変化とアジア諸国政策の輸出主導工業化政策に対応して労働指向立地の側面が顕著になり、日本や第三国への輸出向けの製造現地法人が設置された。この時期には、現地のインフラストラクチャーも整備されつつあり、原材料の現地調達も一定程度行われるようになった。このことは、現地の大都市圏における産業集積形成につながっていく。

また、二〇〇〇年代以降のアジア立地行動においては、二〇一〇年頃までは、主として現地の経済成長・市場拡大に対

 COLUMN　**商社による製造現地法人の設置**

本章では、パナソニックやトヨタ、東レなど製造企業（メーカー）の製造現地法人についての事例を取り上げたが、製造企業だけでなく卸売企業（商社）によっても、アジア諸国への製造現地法人の設置が行われている。

かつて商社は、国内外における原材料の調達や製品の出荷の仲介役として、仲介手数料を主な収入源としていた。原材料や製品の輸出入に関連して、繊維産業などにおけるアジア進出に関与することはあったが、商社が独自に製造現地法人の設置をすることは限られていた。だが、近年では、商社がアジア新興国で積極的に製造現地法人の設置・運営を行うようになってきている。

商社が設置・運営している製造現地法人としては、たとえば「コイルセンター」がある。アジア諸国に設置されたコイルセンターは、鉄鋼の薄板をコイル状にして日本などから調達し、薄板を適切なサイズに切断して、顧客企業の現地生産拠点に配送している。

応して、現地販売の役割がこれまで以上に重要になった製造現地法人が配置された。これによって、市場開拓型の市場指向立地の側面が強くなったと言える。

だが、二〇一〇年頃を境にして、現地販売以上にアジア域内を中心とした第三国への輸出の役割が高まってきた。このことから、現地の本格的な産業集積形成を通じて輸出競争力が向上し、現地生産だけでなくアジア域内レベルでの生産体制を通じて製品を供給するといった傾向が強まってきていると推測される。

以上のように、日本企業のアジア立地行動の背景には、進出先国における政府の政策的対応の変化や経済成長・市場拡大、現地の産業集積形成、為替レートの変化といったグローバルな立地環境におけるダイナミックな変化があるのだ。こうしたグローバルな立地環境の変化のもとで、日本企業のアジア立地行動は時代とともに独特な特徴をもって現れた、と結論づけることができる。

第7章　アジアにおける経済のグローバル化と日本の産業発展

1　日本とアジア諸国の国際分業の再編成

第1章でも述べたように、日本企業のアジア進出など「アジアにおける経済のグローバル化」にともなって、日本とアジア諸国の国際分業の再編成が生じてきた。

日本とアジア諸国の国際分業は、かつては各国の産業構造の高度化の違いを反映した、「産業間分業」といった単純な形での国際分業が想定できた。これは、日本がアジアの産業発展の先発国としてアジアの「雁行形態型発展」を牽引していた状況であり、日本はアジアの工業化を支える「中間財」（部品・部材・設備）を供給する役割も担っていたということである。

だが、現在、「産業内分業」（同じ産業分野における「棲み分け」）といった精緻な形での国際分業が必要とされている。こうした国際分業の再編成のなかで日本の産業発展が持続的に行われるためには、日本や日本企業は、中間財を供給するといった役割以上に、国際分業における「高次の経済的機能（ハブ機能）」を強化することが不可欠となっている。

アジア新興国の急速な経済成長や現地の産業集積形成などのように、グローバルな立地環境はダイナミックに変化している。日本とアジア諸国間の主要産業分野における「棲み分け」を進めつつ国際分業を進展させていくには、こうしたダイナミックな立地環境の変化に迅速に対応しながら、国際的な立地行動を的確に行う企業の役割が欠かせない。

COLUMN　産業間分業と産業内分業

国際分業のタイプには、産業間分業や産業内分業がある。たとえば、日本がアジア諸国に家電製品や自動車など重工業品を輸出し、アジア諸国から一次産品や軽工業品を輸入するのは「産業間分業」である。

一方、日本がアジア諸国に家電製品を輸出し、アジア諸国から家電製品を輸入するのは「産業内分業」である。この場合、日本がアジア諸国から輸入する家電製品は、値段が手ごろな普及品であることが多い。また、日本がアジア諸国に輸出する家電製品は、高機能の新製品であったり、現地生産のための特殊な電子部品であることが多い。

このように産業内分業では、産業レベルではなく製品事業分野レベルでのきめ細かい「役割分担」が必要となる。また、こうした役割分担も、製品のライフサイクルなどにともなって、継起的に変更していくことが必要となる。

本章では、近年の日本企業のアジア立地行動についての注目すべき事例を紹介しながら、アジアにおける経済のグローバル化や国際分業が再編成されるもとでの日本の産業発展のあり方を考えてみたい。

2　物流システム事業の展開――ダイフクの中国への立地行動

ダイフク（本社は大阪市）は世界トップのマテハン・メーカーであり、仕分・運搬・保管などの物流システムを手がけている。ちなみに、マテハン（マテリアルハンドリング）とは、機械を使って効率よく運搬や荷役作業を行うことであり、工場の大規模な生産ラインには不可欠なものである。以下では、ダイフクの中国における物流システム事業の展開について見てみる。[15]

(1) 中国への事業展開の経緯

一九八三年、中国における日系電気機械メーカーへＴＶ生産ライン向けの物流システムを納入したのが中国ビジネスのスタートであった。一九九三年に北京、一九九四年に上海と、駐在員事務所を設置した。さらには、二〇〇二年から現地法人（子会社）を展開してきたという歴史がダイフクにある。現在、主な中国現地法人は、上海に二社、江蘇省の常熟（じょうじゅく）に一社、蘇州に一社の計四社となっている。二〇一七年三月時点で、従業員数は七九〇名を数える。

中国への進出パターンとしては、「営業拠点」から「営業＋生産拠点」へと展開してきており、二〇一〇年以降、現地生産が本格化して「営業＋生産拠点」となった。また、事業分野が、家電向けから自動車向け、さらには食品・薬品・流通業向けや液晶・半導体向けへと広がってきた。

(2) 中国における主な事業活動

中国における事業は、主として「一般製造業・流通業界向け事業」、「液晶・半導体業界向け事業」、「自動車業界向け事業」という三つの事業部から成り立っている。上海に中国事業全体を管理する子会社を設けているが、基本的には、各事業部がそれぞれ製販を一括して管理するという体制をとっている。

自動車業界向け事業については、江蘇省常熟の子会社が本社であり、分公司（支社）を上海、

(15)　二〇一七年九月一八日に行ったダイフクの上海（松江区）現地法人でのインタビュー調査に基づく。

天津、広州、武漢に設置している。また、それ以外にも事務所も設置されている。自動車業界向け事業は、少数の顧客企業向けの大規模な生産ラインづくりが特徴であり、サービス拠点としての事務所が、顧客の自動車メーカーの工場に近接して設置されているのだ。

一般製造業・流通業界向け事業については、上海（松江区）の子会社が本社であり、さまざまな分野における多数の顧客企業に対応しているが、顧客企業への提案型になるといった場合もある。現在は、薬品向けや食品向けの事業がとくに多くなっているが、今後はEコマース向けや医療・介護向けなどが増大すると予想される。

液晶・半導体業界向け事業については蘇州の子会社が本社であり、大規模な生産ラインづくり（クリーンルーム用搬送・保管システムづくり）を行っている。現在、中国における売上高に占める割合がもっとも大きな事業分野となっている。

(3) サプライチェーンの特徴

サプライチェーンの特徴として、製品（物流システム）の販売先は自動車業界向け事業以外はすべて中国での国内販売となっている点が挙げられるが、販売エリアは、中国の沿海部だけでなく中部まで地理的に広がってきている。

では、自動車業界向け事業がどうなっているかと言えば、アメリカやインド、マレーシアへの輸出も行っている。なお、自動車業界向け事業の海外生産拠点はアメリカ・タイ・中国・韓国に設置されているが、中国拠点は生産コスト面での輸出競争力が高いため、中国拠点からアメリカ拠点などへの供給も行っている。

原材料の調達については、一般製造業・流通業界向け事業の場合は現地調達の割合が六～七割程度であるが、自動車業界向け事業では現地調達が九割以上となっている。この事業において現地調達が高いのは、中国進出を早くから行ってきたためであり、現地のエンジニア（設計者）が育っていることを反映している。

一方、近年に進出した液晶・半導体業界向け事業では、まだ現地のエンジニアが育っていないために現地調達が少ない。また、現地生産よりも日本からの輸入品を販売することが多くなっている。

(4) 考察

ダイフクは、顧客の日系企業の中国への進出や現地市場の拡大に対応して、販売・マーケティング活動やサービス活動だけでなく製造活動を中国に展開してきており、メーカーであるととも

COLUMN　B to C 型の事業展開と B to B 型の事業展開

企業の国際的な事業展開のタイプには、消費者向けの「B to C 型の事業展開」や顧客企業向けの「B to B 型の事業展開」がある。ダイフクの物流システム事業の展開は、典型的な B to B 型の事業展開である。

アジア新興国の経済成長と市場拡大にともなって、日本企業にとっては、B to C 型の事業展開だけでなく B to B 型の事業展開も有望である。B to B 型の事業展開の場合、当初は顧客の日系企業のアジア進出に対応したものが中心となるが、次第にアジア諸国の現地企業も顧客として開拓していくことになる。

なお、パナソニックのように B to C 型の事業展開を行っている企業も、これまで以上に B to B 型の事業展開に力を入れているというのが現状である。

2000年代以降、中国は ASEAN4を追い越す勢いで経済成長を進めてきている。写真は上海・浦東新区の現在の姿

に「システムインテグレーター」として，顧客企業ごとにカスタマイズした物流システムを提供しているところに強みがあると言える。

ビジネス環境（立地環境）の変化が激しいため，中国では特定の事業分野だけではリスクが高くなるが，一般製造業・流通業界向け事業，液晶・半導体業界向け事業，自動車業界向け事業といった多様な事業分野を開拓していることで，こうしたリスクを回避することができていると考えられる。ダイフクの中国における物流システム事業の展開は，顧客企業向けの「B to B型の事業展開」として，よい成功事例であるとも言える。

3　ごみ焼却発電プラント事業の展開――日立造船の中国およびタイへの立地行動

日立造船（本社は大阪市）は造船事業から脱却し，環境・エネルギー事業などに事業展開することで発展してきた。あまり知られていないが，ごみ焼却発電プラント事業では世界トップ企業であり，当事業をアジア新興国にも展開している。以下では，このごみ焼却発電プラント事業を中心に，日立造船の中国およびタイへの事業展開について見ていくことにする。[16]

（1）中国への事業展開の経緯

一九七二年に中国向けの造船を受注するなど、日立造船における中国への事業展開の歴史は長い。その後、造船から製鉄所向け設備へ、さらには地下鉄向けシールドマシン、ごみ焼却発電プラントへと事業分野は大きく転換してきたという歴史がある。

二〇〇五年に成都の洛帯（四川省）でのごみ焼却発電プラントを受注した以降、二〇一八年二月までに合計一四のプラントを受注しており、近年は、ごみ焼却発電プラントが中国における事業の中心となっている。

中国での事業拠点としては、一九八二年に北京、そして一九九四年には上海に駐在員事務所を開設している。その後、二〇一三年には上海事務所を「日立造船貿易（上海）有限公司」（一〇〇パーセント出資の現地法人）とし、二〇一四年には北京事務所を「北京分公司」（支社）としたほか、同年に「広州分公司」や「瀋陽分公司」も設立している。

（2）中国でのごみ焼却発電プラント事業に関して

中国でのごみ焼却発電プラント事業では、日立造船が日本で基本設計を行い、焼却炉の火格子（ひごうし）

などのメイン設備を供給している（日本やヨーロッパの生産拠点などから供給している）。また、日立造船がスーパーバイザーを現地に派遣し、指導を行うという役割も担っている。

なお、ボイラーや排ガス機器などの付帯設備については、中国企業が生産したものを施主が調達している。そのため、日立造船の上海現地法人が中心的に行っているのは、本社への営業支援や調達支援となっている。

中国では、北京オリンピックなどの大イベントを目前にした二〇〇五年以降、ごみ焼却処理が本格化してきた。とくに上海市は、ごみの埋め立て地が不足していたため、早い時期からごみ焼却処理を進めてきた。

中国における大都市のごみ焼却プラントの多くは、一日の焼却能力が一〇〇〇トン（t／d）以上という巨大なプラントであり、高効率に発電することを重要視した設備となっている。[17]

中国のごみには、日本とは異なり、大量の汚水が含まれているといった特徴がある。汚水を含

(16)　二〇一八年二月二七日、三月一三日に行った日立造船の上海現地法人、およびバンコク現地法人でのインタビュー調査に基づいて論じている。

(17)　このプラントは、さらに二〇〇〇、三〇〇〇、五〇〇〇トン規模のものも増えつつある。また、ごみ焼却発電プラントが普及するためには環境規制（ごみ処理規制）や再生エネルギーの制度（ＦＩＴ制度）も必要であり、日本とは異なって投資対象になることが不可欠となっている。

んだごみは重いため、それを考慮する形で、ごみ焼却発電プラントの設計を変える必要がある。これが理由となり、中国のごみ焼却発電プラントでは、汚水を処理してバイオガスを発生させて有効利用するなど、汚水処理に関連した技術が発達しているという面もある。

大規模な焼却炉の設備については、中国企業による国産化の進捗や市場の需要などで、輸入のための関税が免除されている。ただし、中国企業の国産化の進展に対応して、関税が免除されるための設備基準が厳しくなってきている。そのため、近年受注しているプラントは、一炉当たり六〇〇トン（t／d）以上の大規模な焼却炉が複数あるものとなっている。

(3) タイへの事業展開の経緯

タイでの事業拠点として日立造船は、一九九四年、バンコクに駐在員事務所を設立した。当時は石油化学プラント関連のエンジニアリングが中心であったが、その後、地下鉄向けのシールドマシンやごみ焼却発電プラントなどへと事業を展開していった。

近年、タイなど東南アジア諸国ではごみ焼却発電が再生可能エネルギーとして注目されており、二〇一一六年にはタイのごみ焼却発電プラントを二件受注している。これが契機となって、二〇一七年には、バンコク事務所を一〇〇パーセント出資の現地法人とした。これにともなって、日本人のエンジニアリングスタッフを増員し、市場情報収集から営業支援や調達支援へと業務内容を拡充している。

タイ現地法人は、他の東南アジア諸国への事業展開における支援業務も担っており、とくにラオスにおいて再生可能エネルギーにおける事業案件形成に取り組んでいる。また、タイでは洪水が多いため、二〇一四年には洪水防止用の水門を設置したほか、浸水被害防止設備「フラップゲート」をはじめとする防災ソリューション事業も展開している。

(4) タイでのごみ焼却発電プラント事業に関して

他のアジア諸国同様、従来からタイでは、多くの廃棄物がそのまま埋め立て処理をされてきた。それらの処分場の多くは、衛生基準を満たしておらず、適切な管理がされていないものも少なくない。たとえば、二〇一五年におけるタイの一般廃棄物の発生量は年間二六八五万トンだったが、そのうちリサイクルされるものが四九四万トン、適正処理が八三四万トン、不適正処理が七三四万トン、そして放置が六二二万トンとなっていた（タイ内務省調べ）。なんと、放置および不適正処理が全体の半分（五〇・五パーセント）を占めていたのだ。

二〇一四年には、バンコク大都市圏郊外のサムットプラカーン県の廃棄物投棄場で火災が起き、有毒ガスが発生するなど、大きな社会問題ともなっている。このような状況のなか、都市化や住民の反対によって処分場の新規設置が難しいこともあり、ごみ焼却発電に注目が集まったわけである。

タイのエネルギー省策定の「再生可能エネルギー開発計画2015」では、二〇一五年時点で導入済みとなっている七九六三メガワット（MW）の再生可能エネルギーを、二〇三六年には一万九六八四メガワットとする目標が掲げられているが、先行普及している再生可能エネルギーにおいては、燃料高騰（バイオマス発電）や増えすぎといったことに対する抑制姿勢（太陽光発電）、そして農地の転用使用に対する不可判決（風力発電）などの理由で逆風が吹きはじめており、ごみ焼却発電への投資熱が高まって

バンコク内の廃棄物は、ごみ収集車により中継基地に運ばれ、その後、バンコク大都市圏郊外の最終処分場に送られ、埋め立てられる

いる。

ちなみに事業者（投資会社）は、既存の独立発電事業者にかぎらず、石油、化学、セメント、鉄鋼、通信、機械部品、コンクリートブロック、化粧品販売など多岐にわたっている。

日立造船が事業者から受注したタイのプラントは、一日の処理能力が四七六トン（t／d）の炉が一つであり、中国で受注したプラントに比べると規模は小さい。また、炉が一つだけというのは、安く建設できるというメリットがある一方、メンテナンスのことを考えるとやはり複数の炉があるほうが望ましいと言える。言うまでもなく、一つの炉がメンテナンス中でも他の炉を稼働することができるからだ。

タイのごみ質は、中国と同様に汚水分を多く含んでいるため、そのことを考慮する必要がある。また、最終処分場に隣接してプラントを建設する場合は、埋め立てたごみを掘り起こして処理することもある。

(5) 考察

ここで述べたように、アジア新興国では、安全・安心な廃棄物処理や再生可能エネルギーとしてごみ焼却発電に注目が集まっている。日立造船における中国やタイでのごみ焼却発電プラント

COLUMN　日本におけるごみ焼却発電プラント

大阪のごみ焼却発電プラント（舞洲工場）の大型クレーン。ごみを引き上げ、焼却炉の中に運び入れる

日立造船は、もちろん日本各地におけるごみ焼却発電プラントも多数手がけている。その一つが大阪市のベイエリアにある「舞洲工場」であるが、この工場は環境保護建築で有名なウィーンの芸術家がデザインしたもので、斬新かつカラフルな建物になっている。

2001年に竣工されたプラントだが、１日の処理能力が450トン（t/d）という炉が二つあり、現在もフル稼働中である。予約すれば無料で誰でも見学が可能となっているので、ぜひ訪れてほしい。ちなみに、巨大な縦穴から大型クレーンがごみを引き上げる様子は、「圧巻」としか言いようがない。

舞洲工場の外観

事業は、急速な工業化や都市化にともなった現地の課題（環境問題やエネルギー問題）を解決する形で行われており、アジアに進出した日本企業のよい成功事例であると言える。

中国におけるごみ焼却発電事業は、日立造船が基本設計やメイン設備の供給、スーパーバイザーの派遣を行っているものの、付帯設備の生産などは中国企業に任せており、企業間ネットワークを巧みに構築している。ただし、中国企業によるメイン設備の国産化も急速に進行しているため、ハード面以上にソフト面での優位性を維持・発展することが重要となる。

一方、タイでは、中国製のごみ焼却発電プラントも導入されており、中国企業の東南アジア諸国への進出も行われている。日本製のプラントは品質やアフターサービスなどにおいては優れている点が多いわけだが、中国企業との単純なコスト競争・価格競争に巻き込まれないためにも、メンテナンス・コストなども含めた「ライフサイクルコスト」の重要性を現地の政府や企業に理解してもらう必要があると考えられる。

4　ベトナムの裾野産業育成と日系中小企業の立地行動

ベトナムは部品・部材・設備関連の「裾野産業」が未発達のため、裾野産業の育成が政府の政策的な目標となっており、省（行政区）が中心となって、日本企業（とくに中小企業）を積極的に誘致している。このような状況ゆえ、日系中小企業のベトナムへの立地行動が増えつつある。以下では、ハノイ大都市圏郊外のハナム省と、ホーチミン大都市圏郊外のドンナイ省における状況を紹介していくことにする。[18]

（1）ハナム省の日本企業誘致

ハナム省人民委員会の説明によると、日本企業の誘致のために、二四時間の電力供給の確保や三日以内の投資ライセンスの発給などを公約する「10のコミットメント」を掲げているほか、日本語でのワンストップサポート窓口「ジャパンデスク」の設置も行っている。日本企業を優先的に誘致している理由

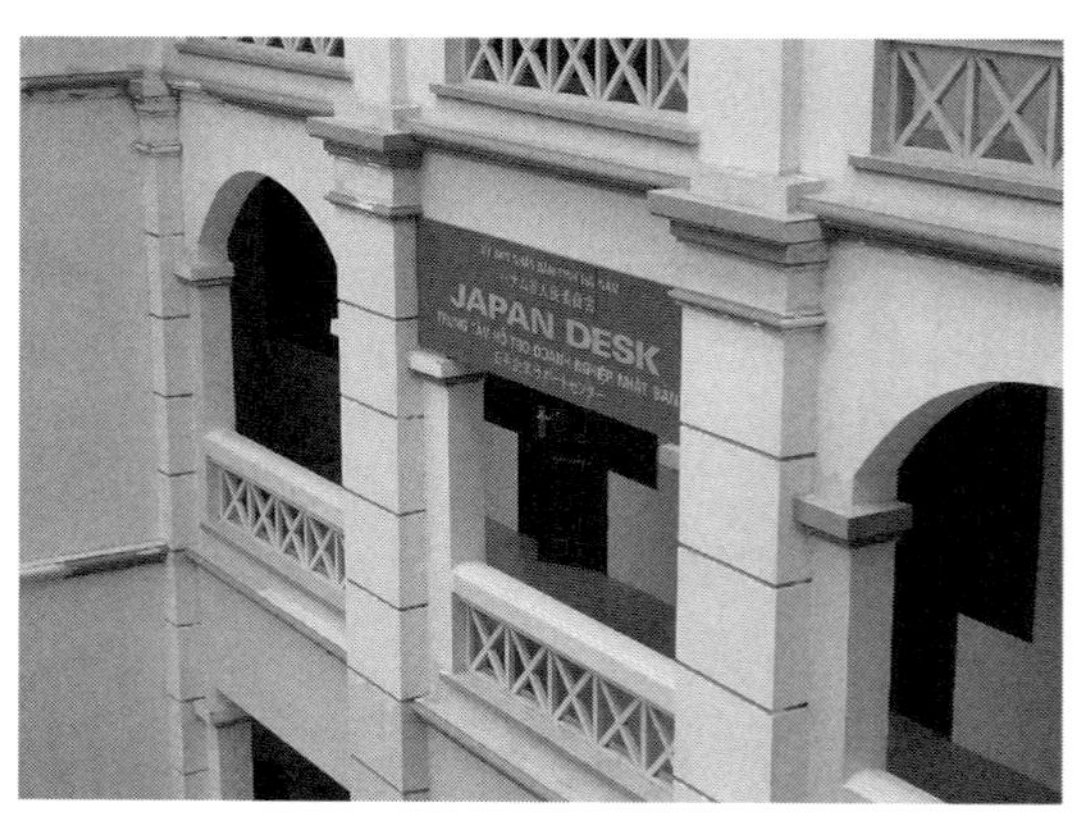

ワンストップサポート窓口であるジャパンデスクでは、無料でサービスが受けられる

を尋ねたところ、「ベトナムと日本の良好な関係」、「日本人に対する評価が高い」、「日本企業は法令を守っている」という回答があった。

ハナム省の工業団地（ドンパンⅡ）には多数の日本企業がすでに進出しており、日本企業専用の工業団地（ドンパンⅢ）も建設中であった。なお、この新しい工業団地の周辺インフラは、日本の政府開発援助（ＯＤＡ）の実施機関であるＪＩＣＡ（Japan International Cooperation Agency）の支援で整備されている。

（2）ハナム省における日系中小企業の立地行動

ハナム省の工業団地（ドンパンⅡ）に進出している日系中小企業にも話を聞いたので紹介したい。

シンフォニアマイクロテック（本社は兵庫県明石市）は、複写機・プリンターといったＯＡ機器の紙を送るための部品であるマイクロ電磁クラッチを生産している。この会社では、一九九〇

(18) 二〇一六年一一月七日〜一〇日における、現地でのインタビュー調査に基づいている。この調査は、関西経済同友会・企業経営委員会（二〇一六年度）の活動の一環として行ったものである。

年代の後半より顧客企業のＯＡ機器メーカーの中国進出に対応して、マイクロ電磁クラッチを中国南部の広東省で生産してきた。しかし近年、中国における人件費高騰などが理由でカントリーリスクが高まり、ＯＡ機器メーカーがベトナムでも生産するようになったため（いわゆる「チャイナ・プラス・ワン」）、二〇一六年からベトナム生産拠点を稼働させている。

当初はマイクロ電磁クラッチを生産するための部品を中国から調達していたが、現在はベトナムの現地企業に金型を提供し、部品を生産してもらう予定となっている。なお、生産したクラッチは、主としてＯＡ機器メーカーのベトナム生産拠点に供給している。

一方、精密板金加工を行っている丸十（本社は兵庫県加古川市）も、二〇一六年からベトナム生産拠

ハナム省のドンパンⅡ工業団地

点を稼働させている。レーザー加工機やレーザー検査機を導入し、多品種少量生産にも対応できるのが丸十の強みとなっている。

ベトナムの内需（現地販売）を目的として進出したが、現在は日本向けの輸出が好調で、売上の九割が日本向けの輸出となっており、残り一割が現地販売となっている。今後は、売上の半分は現地販売にしていく予定という。ちなみに、部品調達に関して言うと、八割が現地調達であり、二割が日本や韓国からの輸入となっている。

補足しておくと、ハナム省の熱心な誘致政策である「10のコミットメント」に感動したことも、丸十が進出を決めた要因の一つであった。

ベトナム・ドンナイ省の日系工業団地（ロンドウック工業団地）内のレンタル工業群

(3) ドンナイ省における「関西裾野産業集積支援モデル事業」

ドンナイ省の日系工業団地であるロンドウック工業団地には、中小企業が入居しやすいように「レンタル工場群」が整備されており、関西の企業を中心とした、多数の日系中小企業が進出している。

関西の中小企業がこの工業団地に多数進出している背景として、近畿経済産業局が中心となって支援している「関西裾野産業集積支援モデル事業」がある。これは、ロンドウック工業団地内にあるレンタル工場群への関西中小企業の共同進出を多面的に支援し、裾野産業の集積地を形成することを目的とした関西とベトナムの官民協力プロジェクトであり、二〇一三年よりスタートしている。

なお、中小企業向けの日系のサービス会社である「ザ・サポートベトナム」が、ロンドウック工業団地内のレンタル工場群へのビジネスサポートを行っている。

(4) 関西中小企業における共同進出の経緯

関西の中小企業における以上のような共同進出の経緯について、キーパーソンである富士インパルス（本社は大阪府豊中市）の社長であり、ザ・サポートベトナムを設立した山田和邦さんから話を聞いたので紹介しておこう。なお、富士インパルスは、一九九七年にベトナム法人を設立している。

「二〇一一年の円高が理由で海外の安い部品などに席巻され、当時、追いつめられた多くの町工場の経営者からベトナム進出に関する相談を受けたことが切っ掛けとなって、関西中小企業の共同進出を進める『関西モノづくりネットワーク計画』を考えはじめました。この計画は、近畿経済産業局から、関西裾野産業集積支援モデル事業として支援を受けることができました」

冒頭、このように説明してくれたあと、その

COLUMN　ベトナムから日本への技能実習生

日本には、発展途上国の人材を産業界が一定期間受け入れて、技能などを学んでもらうための「外国人技能実習制度」がある。近年は、ベトナムからの技能実習生が一番多くなっている。

ハノイやホーチミンには日本企業向けのベトナム人教育機関があり、ベトナムから日本への技能実習生の送り出しや、帰国後のフォローなどを行っている。

ホーチミンに本部がある教育機関「エスハイ」で話を聞いたことだが、日本のモノづくりの活性化とベトナムの工業化を共に目指した活動が評価され、新校舎ビルはJICAの支援で建設されたとのことであった。

日本で技能実習を修了して帰国したベトナム人労働者がいるということも、ベトナムにおける立地環境上の利点と言えるだろう。

経緯については以下のような説明があった。
「中小企業にとって海外進出は、資金や人材、言葉の面で高いハードルがあります。そのハードルを下げるために、小区画レンタル工場を設置して、できるだけ少ない資金や運転資金でスタートとする必要がありました。また、ザ・サポートベトナムを設立して、モノづくり以外の手続きや税務、通関などの業務を代行するサービス、さらに日本語で仕事のできる環境を整える必要がありました。これらのことを実現するために、中小企業を一か所に集結させるというモデルが『関西モノづくりネットワーク計画』であり、関西裾野産業集積支援モデル事業となった経緯です」

大阪で事業展開を続けている中小企業の経営者である山田さん、その熱意と行動力が関西とベトナムの官民協力プロジェクトに結実したということである。紙幅の関係でこのときの様子をすべて紹介できないが、山田さんの「仲間企業」の方々からもベトナム進出の熱い思いを聞いた。

（5）考察

ASEANにおける後発国であるベトナムでは裾野産業の育成が課題となっているわけだが、日系中小企業にとっては、これがベトナム進出のよいチャンスとなっている。

ドンナイ省のロンドウック工業団地でのケースのように、日系中小企業が共同進出して日本国内のような産業集積を現地に形成することで有利なビジネス環境（立地環境）を生み出すといった取り組みは、中小企業におけるアジア進出のユニークな成功モデルになることが期待される。

ベトナム北部は中国南部の広州との輸送に便利である一方、ベトナム南部は、タイのバンコクやカンボジアのプノンペンとの輸送に便利である。日本企業の立地先としてベトナムの北部と南部のどちらを選択するかは、こうした輸送面での立地環境にも大きく関係していることになる。

なお、ベトナム北部のハナム省や南部のドンナイ省の工業団地は、近年、高速道路などの整備によってハノイやホーチミンまでの通勤圏ともなっている。こうした大都市圏郊外の工業団地は、地元でワーカーを確保するという点でも有利になると考えられる。

5　国際的共生と産業集積間ネットワーク

本章の冒頭で述べたように、日本とアジア諸国の産業が持続的に発展していくためには、主要な産業分野での「棲み分け」を進めつつ、国際分業を進展させていくことが必要となる。言い換

COLUMN　現地でのコールドチェーンの展開について

定温輸送用のトラックの後方部が冷蔵冷凍倉庫にドッキングすることにより、外部の熱気の流入を防いでいる

熱帯地方である東南アジア諸国で必要とされているニーズの一つは、安全安心な食品流通のための「コールドチェーン（低温物流、定温物流）」であるが、この物流は主に日本企業が行っている。一例となるのが鴻池運輸（本社は大阪市）であり、タイにおいて食品の定温物流事業を展開している。

定温物流では、冷凍（−18℃以下）、冷蔵（5℃）の2温度帯に加え、中温（15～20℃）、常温の４温度帯まできめ細やかな温度設定を行っている。温度を厳密に管理する保管と輸送によって、食品の鮮度維持や品質保持が可能となっている。

鴻池運輸はタイに現地法人を設置し、バンコク大都市圏郊外のサムットプラカーンに冷蔵冷凍倉庫を設けて定温保管サービスを行うとともに、同大都市圏をはじめとした主要都市にあるスーパーマーケットやデパートなどに対して、トラックによる定期定温輸送サービスを行っている。

タイでは、デパートなどで日本食の取り扱いが増えたことが契機となり、日系の飲食店やコンビニエンスストアなどが急速に増加している。同時にコンビニ弁当の人気が高まっており、鴻池運輸はタイの食品メーカーの工場から運ばれた弁当を同倉庫で仕分けしたのち、各店舗へチルド配送している。このようにコールドチェーンは、日本食の安全安心なブランドイメージを物流の側面から支えていると言える。

（＊）ここでの論述は、2015年９月16日に実施した現地調査に基づいている。

えれば、日本とアジア諸国との「国際的共生」が目標となるということだ。ASEAN4や中国の大都市圏において産業集積形成が本格的に行われたことで、ベトナムのようなASEAN後発国の大都市圏でも産業集積が形成されつつある。日本とアジア諸国における「産業集積間ネットワーク」を認識しながら、日本や日本企業がネットワーク上の「高次の経済的機能（ハブ機能）」を発揮していくことがアジア諸国との国際的共生においては不可欠となる。

本章で紹介した日本企業のアジア進出の事例は、それぞれタイプは異なるものの、現地で必要とされているニーズに対して的確に対応した形で行われている。これらが、日本とアジア諸国との国際的共生についてのヒントとなろう。(19)

---

(19)　二〇一六年から二〇三〇年までの国際的な開発目標として、国連が「ＳＤＧｓ（Sustainable Development Goals：持続可能な開発目標）」を宣言しているが、日本とアジア諸国との国際的共生は、まさしくＳＤＧｓにも合致していると言える。

おわりに

本書では、企業の「国際的な立地行動」と「グローバルな立地環境」といった国際産業立地論におけるキーワードを使いながら、国際経済・国際経営について、とくにアジアにおける経済のグローバル化について論じてきた。

本書で説明してきたように、国際産業立地論は、企業や経済社会の諸問題を地理的・空間的な側面から分析するところに学問的な特色がある。また、国際産業立地論は、日本企業のアジア進出など「ミクロ的な企業の国際経営の問題」と、日本とアジア諸国の国際分業の変化など「マクロ的な国際経済の問題」を複合的に分析するところにも学問的な特色があると言える。

ひと口にベトナムといっても、北部のハノイ大都市圏と南部のホーチミン大都市圏では現地の状況がかなり異なっており、本書を執筆しながら、その地理的・空間的な視点の重要性を改めて痛感した次第である。

本書の「はじめに」において、熱帯地方の東南アジア諸国のエアコンには暖房機能は不要と述べたわけだが、実はベトナム北部は例外で、暖房機能が付いたエアコンが好まれているという事実がある。このように、各地における市場面での立地環境は、当然のことながら多様な状況となっているわけだが、進出先のアジア諸国・諸地域の生産面での立地環境も日本国内と大きく異なっている。

また、消費者向けのB to C型の製造業、企業向けのB to B型の製造業、小売業、外食サービス業、運輸業など、産業の種類ごとにその市場や技術・ノウハウの性質もかなり違っているため、どのような産業分野を軸に見るかによっても、各地における市場面や生産面の立地環境は独特なものとなる。

さらに、時代とともに立地環境はダイナミックに変化し続けているという現状がある。ケース・スタディを通じてこうした立地環境上の特性を発見していくことも、国際産業立地論の研究においては「醍醐味がある」と言えるだろう。

ところで、アジアにおける経済のグローバル化は、日本企業のアジア進出など企業の国際的な立地行動によって推進されてきたわけだが、その背景には、輸入代替工業化政策から輸出主導工業化へといったアジア諸国政府の政策的対応の変化があった。よって、グローバルな立地環境においては、「政策・制度的な立地環境」の動向も見逃すことができない。

政策・制度的な立地環境の近年の動向としては、国際的なサプライチェーンに影響を及ぼす「メガFTA」も気になるところだ。

アジアにおけるFTA（自由貿易協定）は、主としてASEANを中心に整備されてきた。一九九二年にASEAN自由貿易地域（AFTA）が創設され、さらに二〇一五年にASEAN経済共同体（AEC）へと発展した。さらに、ASEANを軸に、日本、韓国、中国、インド、オーストラリア、ニュージーランドまで含めたメガFTAであるRCEP（アールセップ）（東アジア地域包括的経済連携）も交渉中である。なお、ASEANは、個別には上記の六か国とFTAをすでに結んでいる。

一方、アメリカが主導したメガFTAであるTPP（環太平洋戦略的経済連携協定）は、二〇一五年二月にアメリカ・日本・シンガポール・ブルネイ・マレーシア・ベトナム・オーストラリア・ニュージーランド・カナダ・メキシコ・チリ・ペルーの一二か国において署名されたものの、TPPを否定するトランプ大統領の就任によってアメリカが離脱する事態となり、保護貿易主義の台頭も懸念されるようになってきている。したがって、今後のグローバルな立地環境を考えるうえでは、メガFTAの行方にも目を配る必要がある。

グローバルな立地環境がどのように変化するにしても、その変化に迅速に対応し、国際的な立地行動を的確に行うことが企業経営にとっては不可欠となる。また、日本やアジア諸国も、「国際的共生」を目標にして適切な政策的対応を行っていく必要がある。

アジア諸国は、急激な工業化や都市化にともなって、環境問題やエネルギー問題などといったさまざまな課題に直面しており、今後は少子高齢化の問題にも悩まされることになる。こうした問題について日本は早くに経験したこともあり、日本の技術やノウハウの多くがアジア諸国の課題解決には役立つはずだ。また、広い意味での「生活の質」を向上したいといったニーズにも日本の技術やノウハウは大いに役立つと思われる。

各国・各地域の市場面や生産面などの立地環境上の特性を踏まえながら、日本の技術やノウハウをアジア諸国で活用することや、日本とは異なった現地の立地環境のもとで新たな技術やノウハウを生み出していくことが重要である。また、そうすることで、日本とアジア諸国における産業集積間ネットワークといった国際分業体制のなかで、日本や日本企業が「高次の経済的機能（ハブ機能）」を持続的に発揮することができよう。

国際産業立地論がそのための知見を十分に提供できるよう、研究をさらに深めていきたいと思っている。

本書の制作にあたって、筆者が調査旅行の際に各地で撮影した写真を挿入したわけだが、言うまでもなくこれは臨場感を出すためである。本書を通じて、国際産業立地論の面白さを少しでも伝えることができたならば幸いである。

本書を執筆するうえで、インタビュー調査に協力していただいた企業関係者の方々には大変お世話になった。この場をお借りして深く感謝したい。そして、度重なる調査旅行を温かく見守ってくれた筆者の家族と、本書の出版を快く引き受けてくれた株式会社新評論の武市一幸氏に謝意を表したい。

なお、本書での調査研究は、二〇一六年度〜二〇一九年度科学研究費補助金（基盤研究［C］、研究代表者：筆者、研究課題：アジア新興国の大都市圏の国際産業立地研究）の支援を受けているほか、大阪市立大学大学院経営学研究科からは出版助成を頂戴した。

二〇一八年一〇月

鈴木洋太郎

参考文献一覧

・赤松 要［一九五六］「わが国産業発展の雁行形態――機械器具工業について」『一橋論叢』36（5）、六八～八〇ページ。

・赤松 要［一九六五］『世界経済論』国元書房。

・大阪市立大学商学部編［二〇〇二］『ビジネス・エッセンシャルズ③ 国際ビジネス』有斐閣。

・川端基夫［二〇〇五］『アジア市場のコンテキスト【東南アジア編】』新評論。

・川端基夫［二〇〇六］『アジア市場のコンテキスト【東アジア編】』新評論。

・川端基夫［二〇一〇］『日本企業の国際フランチャイジング』新評論。

・川端基夫［二〇一六］『外食国際化のダイナミズム』新評論。

・木村福成［二〇〇三］「国際貿易理論の新たな潮流と東アジア」『開発金融研究所報』（国際協力銀行）、1（14）、一〇六～一一六ページ。

・小島清［一九七三］『世界貿易と多国籍企業』創文社。

・鈴木洋太郎［一九八七］「多国籍企業の立地展開と国際分業――ヴァーノン・モデルとハイマー・モデルを比較して」『経済論究』（九州大学）第68号、二三～四一ページ。

・鈴木洋太郎［一九九四］『多国籍企業の立地と世界経済』大明堂。

・鈴木洋太郎［一九九九］『産業立地のグローバル化』大明堂。
・鈴木洋太郎［二〇一六］「アジアの自動車産業」アジア太平洋研究所編『アジア太平洋と関西（関西経済白書2016）』丸善プラネット、六一～六六ページ。
・鈴木洋太郎・矢田俊文［一九八八］「産業構造の高度化と産業の国際移転――わが国繊維および電気機器産業のアジア諸国移転」宮川謙三・徳永正二郎編『アジア経済の発展と日本の対応』九州大学出版会、三一～五七ページ。
・鈴木洋太郎・李艶茹［二〇一七］「多国籍企業の立地行動と海外市場開拓についての一考察――資生堂の中国ビジネスを事例にして」『経営研究』（大阪市立大学）第67巻第4号、一五九～一六八ページ。
・鈴木洋太郎・李秭君［二〇一八］「多国籍企業の立地行動と国際フランチャイジングについての一考察――吉野家のアジア新興国への進出を事例として」『経営研究』（大阪市立大学）第68巻第4号、一九一～二〇〇ページ。
・二神恭一［二〇〇八］『産業クラスターの経営学』中央経済社。
・松原宏［一九九〇］「多国籍企業の立地と地域の変貌」西岡久雄・松橋公治編『産業空間のダイナミズム』大明堂、一七七～一九二ページ。
・矢田俊文編［一九九〇］『地域構造の理論』ミネルヴァ書房。
・矢作敏行［二〇一三］「国際マーケティング――資生堂のケース」『ケースに学ぶ国際経営』有斐閣、七八～九八ページ。

・山﨑朗・友景肇編［二〇〇一］『半導体クラスターへのシナリオ——シリコンアイランド九州の過去と未来』西日本新聞社。

・Bartlet, C.A. [1986] "Building and Managing the Transnational: The New Organizational Challenge," in Porter, M.E. ed., *Competition in Global Industries,* Harvard Business School Press, pp.367～401.（土岐坤ほか訳『グローバル企業の競争戦略』ダイヤモンド社、一九八九年、８章）.

・Buckly, P.J. and Casson, M. [1976] *The Future of Multinational Enterprise,* Macmillan Publishers Ltd（清水隆雄訳『多国籍企業の将来』文眞堂、一九九三年）.

・Christaller, W. [1933] *Die Zentralen Orte in Süddeutschland,* Jena: G. Fischer.（江沢譲爾訳『都市の立地と発展』大明堂、一九六九年）.

・Dicken, P. [1998] *Global Shift: Transforming the World Economy,* 3nd ed., The Guilford Press.（宮町良広監訳『グローバル・シフト（上・下）』古今書院、二〇〇一年）.

・Dunning, J.H. [1979] "Explaining Changing Patterns of International Production: In Defence of the Eclectic Theory," *Oxford Bulletin of Economics and Statistics,* November, pp.269～295.

・Friedmann, J. [1986] "The World City Hypothesis," *Development and Change,* Vol.17, pp.69～83.

・Greenhut, M.L. [1956] *Plant Location in Theory and in Practice,* The University of North Carolina Press.（西岡久雄監訳『工場立地（上・下）』大明堂、一九七二年）.

・Helleiner, G.K. [1973] "Manufactured Exports from Less-Developed Countries and Multinational Firms,"

Economic Journal, March, pp.21～47.

・Helleiner, G. K. [1981] *Intra-firm Trade and the Developing Countries,* Macmillan Press.（関下稔・中村雅秀訳『多国籍企業と企業内貿易』ミネルヴァ書房、一九八二年）.

・Hoover, E.M. [1948] *The Location of Economic Activity,* New York: McGraw-Hill.（春日茂男・笹田友三郎訳『経済活動の立地』大明堂、一九七〇年）.

・Hoover, E.M. and Vernon, R. [1959] *Anatomy of Metropolis,* Harvard University Press.（蠟山政道監訳『大都市の解剖』東京大学出版会、一九六五年）.

・Hymer, S.H. [1960]"The International Operation of National Firms: A Study of Direct Foreign Investment," Unpublished Doctoral Dissertation, MIT, June.（宮崎義一編訳『多国籍企業論』岩波書店、一九七九年、第Ⅰ部）.

・Hymer, S.H. [1972]"The United States Multinational Corporation and Japanese Competition in the Pacific," *Chuokoron-sha,* Spring.（宮崎義一編訳『多国籍企業論』岩波書店、一九七九年、第Ⅱ部第５章）.

・Hymer, S.H. and Rowthorn, R. [1970]"Multinational Corporation and International Oligapoly: The Non-American Challenge," in Kindleberger, C.P. ed., *The International Corporation,* The MIT Press, pp.57～91.（宮崎義一編訳『多国籍企業論』岩波書店、一九七九年、第Ⅱ部第２章）.

・Krugman, P. [1991] *Geography and Trade,* Leuven: Leuven University Press.（北村行伸・高橋亘・妹尾美起訳『脱「国境」の経済学』東洋経済新報社、一九九四年）.

・Marshall, A. [1880] *Principles of Economics*, London: The Macmillan Press.（馬場敬之助訳『経済学原理Ⅱ』東洋経済新報社、一九六六年）.
・Porter, M.E. ed. [1986] *Competition in Global Industries*, Harvard Business School Press.（土岐坤ほか訳『グローバル企業の競争戦略』ダイヤモンド社、一九八九年）.
・Porter, M.E. [1990] *The Competitive Advantage of Nations*, The Free Press.（土岐坤ほか訳『国の競争優位（上・下）』ダイヤモンド社、一九九二年）.
・Porter, M.E. [1998] "Clusters and the New Economics of Competition," *Harvard Business Review*, November-December, pp.77～90.（沢崎冬日訳「クラスターが生むグローバル時代の競争優位」『ハーバード・ビジネス』24－2、一九九九年）.
・Rugman, A.M. [1981] *Inside the Multinationals*, Croom Helm.（江夏健一ほか訳『多国籍企業と内部化理論』ミネルヴァ書房、一九八三年）.
・Rugman, A.M., Lecraw, D.J. and Booth, L.D. [1985] *International Business*, McGraw-Hill.（多国籍企業研究会訳『インターナショナルビジネス（上）（下）』マグロウヒル社、一九八七年）.
・Teece, D.J. [2009] *Dynamic Capabilities and Strategic Management*, Oxford University Press.（谷口和弘ほか訳『ダイナミック・ケイパビリティ戦略』ダイヤモンド社、二〇一三年）.
・Teece, D.J. [2014] "A Dynamic Capabilities-based Entrepreneurial Theory of the Multinational Enterprise," *Journal of International Business Studies*, 45, pp.8～37.

・Thünen, J.H.von. [1826] *Der Isolierte Staat in Beziehung auf Landwirtschaft und Nationalökonomie.*（近藤康男・熊代幸雄訳『孤立国』日本経済評論社、一九八九年、第Ⅰ部）.

・Vernon, R. [1960] *Metropolis 1985*, Harvard University Press.（蠟山政道監訳『大都市の将来』東京大学出版会、一九六八年）.

・Vernon, R. [1966]"International Investment and International Trade in the Product Cycle," *Quarterly Journal of Economics*, Vol.80, pp.190〜207.

・Weber, A. [1909] *Über den Standort der Industrien*, 1. Teil. Verlag von J.C.B.Mohr.（篠原泰三訳『工業立地論』大明堂、一九八六年）

著者紹介

鈴木洋太郎（すずき・ようたろう）

1960年生まれ。大阪市立大学大学院経営学研究科・商学部教授
九州大学大学院経済学研究科経済工学専攻修了、博士（経済学）
専門分野は、産業立地論（国際産業立地研究）。主な研究テーマは、「多国籍企業の立地展開と国際分業」、「グローバル化のなかでの関西・大阪の産業集積」、「日本企業立地先としてのアジア」。
主な著書として、『多国籍企業の立地と世界経済』（大明堂、1994年）、『産業立地のグローバル化』（大明堂、1999年）、『マネジメントの経済学――グローカル・ビジネスと経済社会』（ミネルヴァ書房、2003年）、『産業立地論（シリーズ21世紀の経済地理学）』（原書房、2009年）、『日本企業のアジア・バリューチェーン戦略』（編著：新評論、2015年）などがある。

国際産業立地論への招待
――アジアにおける経済のグローバル化――　（検印廃止）

2018年12月10日　初版第１刷発行

著　者　鈴木洋太郎
発行者　武市一幸

発行所　株式会社 新評論

〒169-0051 東京都新宿区西早稲田３-16-28
電話 03(3202)7391
振替・00160-1-113487

落丁・乱丁はお取り替えします。
定価はカバーに表示してあります。
http://www.shinhyoron.co.jp

印刷　フォレスト
製本　松岳社
装幀　山田英春
写真　鈴木洋太郎
（但し書きのあるものは除く）

Printed in Japan
ISBN978-4-7948-1109-7

新評論　好評既刊

鈴木　洋太郎　編

日本企業の
アジア・バリューチェーン戦略

日本企業立地先としてのアジアの魅力とリスクの観点から、日本企業のアジア進出戦略のあり方を探る。

[A5 上製　184 頁　2300 円　ISBN978-4-7948-1002-1]

川端　基夫

外食国際化のダイナミズム

新しい「越境のかたち」

空前の外食海外進出ブームの実態を精緻な調査で分析解明し、国際化の「新しい越境のかたち」が持つ可能性と課題を探る。

[四六上製　256 頁　2800 円　ISBN978-4-7948-1026-7]

川端 基夫

アジア市場を拓く

小売国際化の 100 年と市場グローバル化

100 年に及ぶ日本小売業の海外進出史。その苦闘の歴史から「アジア市場の真実」と「市場との正しい向き合い方」を探る。

[A5 上製　344 頁　2800 円　ISBN978-4-7948-0884-4]

川端　基夫

改訂版　立地ウォーズ

企業・地域の成長戦略と「場所のチカラ」

激しさを増す企業・地域の立地戦略と攻防。そのダイナミズムに迫る名著が、最新の動向・戦略・事例を反映した待望の改訂版として再生！

[四六上製　288 頁　2400 円　ISBN978-4-7948-0933-9]

川端　基夫

アジア市場のコンテキスト【東南アジア編】

グローバリゼーションの現場から

[四六上製　268 頁　2200 円　ISBN978-4-7948-0677-2]

アジア市場のコンテキスト【東アジア編】

受容のしくみと地域暗黙知

[四六上製　312 頁　2500 円　ISBN4-7948-0697-3]

表示価格は本体価格（税抜）です。